Aus studentischer Initiative heraus wurden im Frühjahr 1995
an der Technischen Universität Darmstadt, Fachgebiet
»CAD in der Architektur« drei in der Pogromnacht vom 9. auf
den 10. November 1938 zerstörten Frankfurter Synagogen
am Computer rekonstruiert.

Ausgehend von der Beschäftigung mit der NS-Zeit sollte mit
dem Sichtbarmachen der zerstörten Architektur ein
Beitrag des Mahnens und Erinnerns geleistet werden. Gleichzeitig galt es, die bauhistorische Bedeutung der Synagogen
in Erinnerung zu rufen.

Ermutigt durch die positive Resonanz auf die ersten drei Rekonstruktionen setzte sich das Fachgebiet »CAD in der Architektur« die Computer-Rekonstruktion von 15 weiteren großen
deutschen Synagogen zum Ziel. Neben dem politischen
Aspekt sollen ein repräsentativer Überblick und räumliche Eindrücke der zerstörten städtischen synagogalen Architektur
in Deutschland vermittelt werden.

Die rekonstruierten Synagogen aus Leipzig, Köln, Kaiserslautern, Nürnberg und Frankfurt / Main (Judengasse) gehören zu der Gruppe der Synagogen, die in neo-islamischem Stil errichtet wurden, und symbolisieren das Selbstbewusstsein der jeweiligen jüdischen Gemeinden. Neo-Islamik und Neo-Romanik bildeten die beiden Hauptstile der deutschen Synagogen des 19. und 20. Jahrhunderts.

links: Leipzig
unten: Köln

rechte Seite oben: Kaiserslautern
unten: Nürnberg
außen: Frankfurt / Main (Judengasse)

Die Synagogen in Dresden, Mannheim, München und Hannover
gehören der Neo-Romanik an und weisen Stilelemente
der berühmten deutschen romanischen Dome wie Speyer und
Worms auf. Diese Stilrichtung sollte die Zugehörigkeit der
deutschen Juden zur deutschen Nation betonen.

Der Innenraum der Synagoge Hannover folgte dem architektonischen Schema orthodoxer Synagogen. In diesen befindet
sich das Lesepult – der Almemor – grundsätzlich in der Mitte des
Innenraums. Vom Almemor wird die Tora – die fünf Bücher
Moses – verlesen.

linke Seite: Mannheim

links: Hannover
mitte: Dresden
unten: München

Neben den Synagogen, die den zwei Hauptstilen zuzurechnen sind, bestanden in Deutschland Synagogen, die zeitgenössischen und regionalen Baustilen folgten. Als Beispiel sei die Synagoge aus Plauen genannt, die 1930 im Bauhausstil errichtet wurde.

oben: Plauen
Mitte: Berlin
unten: Dortmund

rechte Seite oben: Frankfurt / Main (Börneplatz)
unten: Frankfurt / Main (Friedberger Anlage)

Im 19. und 20. Jahrhundert entstanden in fast jeder deutschen Stadt Monumentalsynagogen, deren städtebauliche Bedeutung mit dem Rang christlicher Sakralarchitektur vergleichbar war. Sie waren Teil einer gemeinsamen Kultur von Juden und Nichtjuden. Die rekonstruierten Synagogen aus Berlin, Dortmund und Frankfurt sind hierfür Beispiele. Allein in Berlin existierten zwölf Monumentalsynagogen, darunter die Synagoge in der Fasanenstraße, die zu jenen Gotteshäusern gehörte, in denen die im 19. Jahrhundert entstandene liberale Liturgie praktiziert wurde. In diesen Synagogen befindet sich der Almemor in der Nähe des Aron ha-Kodesch, einem architektonisch aufwendig gestalteten Schrein, in dem die wertvollen Torarollen aufbewahrt werden.

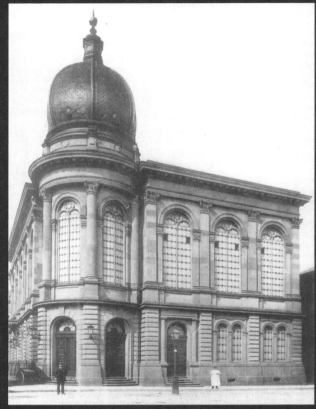

Nachdem Juden im Mittelalter aus fast allen deutschen Städten vertrieben worden waren, konnten sie im Zuge der Aufklärung wieder in die Städte zurückkehren. Im 19. Jahrhundert wuchs die jüdische Bevölkerung an, was den Neubau vieler Gottes-häuser notwendig machte. Die gesellschaftliche Stellung der Juden erlaubte es nun, repräsentative Bauten zu errichten. Die Machtübernahme der Nationalsozialisten 1933 setzte dieser Entwicklung ein Ende.

Die Hauptsynagoge in München wurde – wie auch die Synagogen
in Nürnberg, Dormund und Kaiserslautern – auf Veranlassung
der Nationalsozialisten bereits vor dem Novemberpogrom 1938
zerstört. Am 9. und 10. November 1938 wurden dann mehr
als 1400 Synagogen und Betstuben zerstört oder geschändet. Die
exakte Zahl ist bis heute unbekannt.

linke Seite oben: Nürnberg (Essenweinstraße)
Mitte links: Hannover
Mitte rechts: Kaiserslautern
unten: Berlin

rechts oben: Kaiserslautern
unten: Frankfurt/Main (Börneplatz)

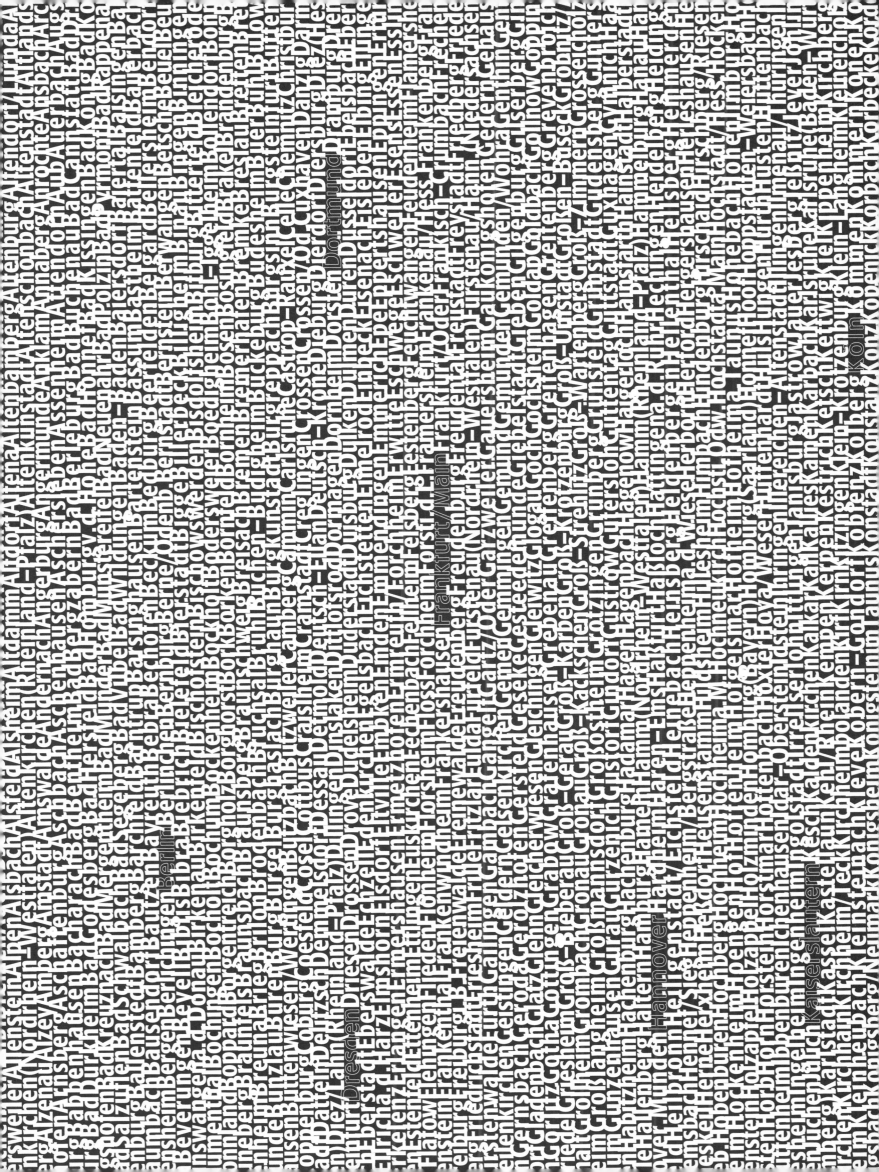

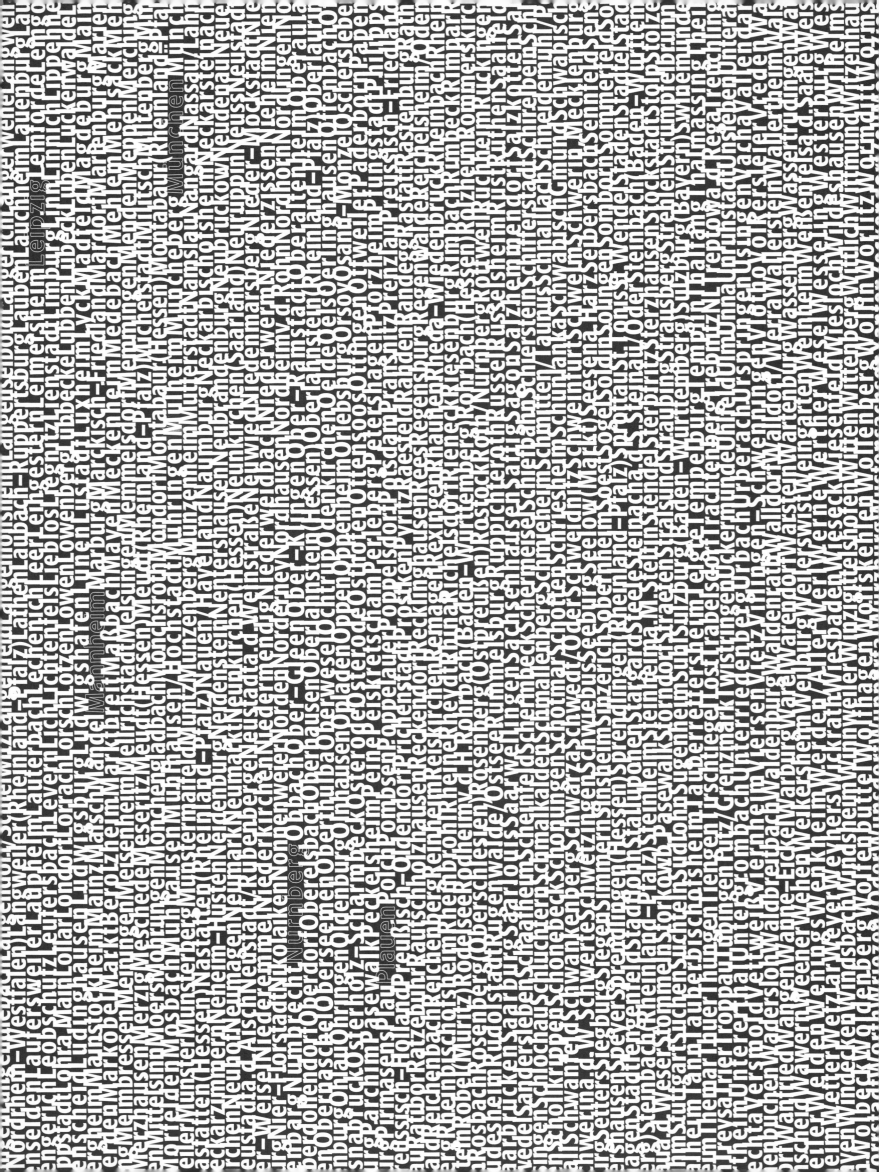

Herausgegeben von:
Technische Universität Darmstadt, Fachgebiet CAD in der Architektur
Kunst- und Ausstellungshalle der Bundesrepublik Deutschland
Institut für Auslandsbeziehungen e.V. (ifa)

Birkhäuser – Verlag für Architektur
Basel · Boston · Berlin

SYNAGOGEN IN DEUTSCHLAND

EINE VIRTUELLE REKONSTRUKTION

TECHNISCHE
UNIVERSITÄT
DARMSTADT

**KUNST- UND AUSSTELLUNGSHALLE
DER BUNDESREPUBLIK DEUTSCHLAND**

i f a  Institut für Auslandsbeziehungen e. V.

Mit freundlicher Unterstützung von:

KulturStiftung
der Deutschen Bank

**DEUTSCHE BANK
AMERICAS FOUNDATION**

Deutsche Bank Group ☑

www.cad.architektur.tu-darmstadt.de
www.synagogen.info
www.bundeskunsthalle.de
www.ifa.de

www.birkhauser.ch

Vorwort

Die Ausstellung »Synagogen in Deutschland. Eine virtuelle Rekonstruktion« ist das bemerkenswerte Ergebnis eines von Studenten initiierten und gemeinsam mit dem Fachgebiet CAD in der Architektur der TU Darmstadt ins Werk gesetzten Projekts. Die Studenten verstanden ihr Vorhaben als Reaktion auf gewaltsame Übergriffe auf jüdische Einrichtungen in Deutschland. Geschockt durch den Brandanschlag auf die Lübecker Synagoge 1994 begannen sie, sich planvoll mit dem Synagogenbau des 19. und 20. Jahrhunderts in Deutschland und mit seiner wechselvollen Geschichte zu beschäftigen. Unter Leitung von Manfred Koob und Marc Grellert entstand daraus eine umfassende Forschungsarbeit. Ziel war es, mittels CAD (rechnergestütztes Entwerfen und Konstruieren) wenigstens virtuell Zeugnisse jüdischer Kultur und Baukunst in Deutschland, die von den Nationalsozialisten seit der Pogromnacht des 9. November 1938 systematisch zerstört und damit aus dem Stadtbild deutscher Städte getilgt worden waren, wiedererstehen zu lassen.

Mit ihrer Erinnerungsarbeit wagten sich die Darmstädter Wissenschaftler an die Aufarbeitung eines lastenden Kapitels deutscher Geschichte. Allen Beteiligten war klar, dass das für immer Verlorene auch durch perfekteste virtuelle Rekonstruktion nicht zu ersetzen ist. Die Aktion ist einerseits als deutliches Zeichen von Bürgern der Bundesrepublik Deutschland gegen aufkeimende rassistische, auch antijüdische Ideologien zu verstehen. Couragierter Wachsamkeit und entschlossener Gegenwehr der Öffentlichkeit, wie sie die Darmstädter Studenten und Lehrer zeigen, ist es zu verdanken, dass solche Ressentiments in Deutschland keine politische Resonanz mehr finden.

Über die symbolische Wirkung hinaus leistet das Projekt der virtuellen Rekonstruktion von Synagogen in Deutschland andererseits aber zugleich einen Beitrag zur Debatte um den adäquaten,

das heißt so aufklärerischen wie allgemeinverständlichen Umgang mit der historischen Vergangenheit. Die Beteiligten haben sich für einen ungewöhnlichen und schwierigen Weg gegen das Vergessen entschieden. Anders als viele Mahnmale, die durch die Hervorhebung des Zerstörten menschliches Leid oder kulturellen Verlust betonen, wählten sie die Vergegenwärtigung als eingängigere, aber auch Missverständnissen eher ausgesetzte Sprache des Mahnens. Denn Erinnerung setzt das Wissen um das Verlorene voraus. Erst wenn das Verlorene wieder sichtbar wird, ist es dem Vergessen entrissen.

Mit Hilfe der Kunst- und Ausstellungshalle der Bundesrepublik Deutschland entwickelte sich das Darmstädter Forschungsprojekt zu einer Ausstellung. Sie wurde von Mai bis Oktober 2000 in Bonn gezeigt. Die Bonner Veranstaltung, die vom Bundesministerium für Bildung und Forschung, zahlreichen Kommunen und Privatpersonen gefördert wurde, ist Fundament unseres Vorhabens, das für den Auslandseinsatz bestimmt ist.

Die Realisierung der Auslandsausstellung ist der großzügigen Unterstützung durch die Kultur-Stiftung der Deutschen Bank und der Deutsche Bank Americas Foundation zu verdanken. Dem damaligen Leiter der Kultur-Stiftung der Deutschen Bank, Walter Homolka, der sich von Anfang an für das Vorhaben eingesetzt und es gefördert hat, sowie seinen Kollegen Walter Münch in Frankfurt, Gary Weber und Rose Bradshaw in New York danken wir für ihr Vertrauen und ihr dauerhaftes Engagement. Dank gilt auch Herrn Dr. Salomon Korn vom Zentralrat der Juden in Deutschland, der das Projekt seit Beginn im Jahr 1994 mit Rat und Tat begleitet hat.

Seit der Bonner Präsentation hat das Fachgebiet CAD in der Architektur der TU und die Architektura Virtualis weiter an den Rekonstruktionen gearbeitet. Heute stehen 17 Synagogen aus 15 Städten im Zentrum der Ausstellung. Wir danken allen Studierenden, die sich über die Jahre hinweg an dem Projekt forschend und gestaltend beteiligt haben, insbesondere Marc Grellert, der sie engagiert und kenntnisreich leitete und betreute.

Dank gilt ebenso Michael Staab und John Berg für die Ausstellungsarchitektur, die dem Konzept von Johann Eisele, Ellen Kloft und Claus Staniek, Fachgebiet Entwerfen und Baugestaltung der TU Darmstadt, folgt, Miriam Lebok und Michael Bender für das Design der vorliegenden Publikation, Bernhard Pfletschinger für den Dokumentarfilm sowie Ulrich Best für die Durchführung der englischen Synchronisation und die Bereitstellung der Filmdokumentationen. Zu danken haben wir auch Agnieszka Lulinska, der Co-Kuratorin der Bonner Ausstellung, die das Projekt über einen langen Zeitraum mit Fachkompetenz und Beharrlichkeit betreut hat.

Die Auslandspräsentation, von Marie Ani Eskenian kompetent und tatkräftig organisiert, wurde in die Hände des Instituts für Auslandsbeziehungen gelegt. Die Ausstellung wird damit Teil des gedanklichen und kulturellen Austauschs zwischen der Bundesrepublik Deutschland und dem Ausland werden.

URSULA ZELLER
Institut für Auslandsbeziehungen e.V.

MANFRED KOOB
Technische Universität Darmstadt
Fachgebiet CAD in der Architektur

WENZEL JACOB
Kunst- und Ausstellungshalle der
Bundesrepublik Deutschland

Marc Grellert

Architektur als gesellschaftlicher Seismograph

Einblicke in die Geschichte jüdischer Sakralarchitektur

Die Synagoge gilt heutzutage als der spezifische Bautypus jüdischer Religion. Historisch gesehen stand zunächst fast ein Jahrtausend lang ein anderes Bauwerk im Zentrum der jüdischen Religion und galt als deren größtes Heiligtum. Es war der von König Salomon im 10. Jahrhundert v.d.Z. erbaute antike Tempel zu Jerusalem. In diesem wurde in einem speziellen Raum, dem »Allerheiligsten«, die so genannte Bundeslade aufbewahrt. Dieser hölzerne Schrein beherbergte jene zwei Steintafeln, auf denen der biblischen Erzählung zufolge die Zehn Gebote geschrieben standen, die Moses von Gott am Berg Sinai empfangen hatte. Es gibt zwar keine bildliche Überlieferung des Salomonischen Tempels, doch angeregt durch dessen Beschreibung in der Bibel (1. Könige 6) gab es zahlreiche Versuche, das Aussehen des Tempels zu rekonstruieren. Die hier gezeigte Abbildung stellt eine der möglichen Interpretationen des biblischen Textes dar, der exakte Baumaße angibt, Materialien beschreibt und Angaben zu der Einrichtung enthält. So wissen wir, dass sich in diesem Tempel unter anderem zehn siebenarmige Leuchter (Menora) befanden. Die Menora zählt auch heute noch zur Ausstattung einer Synagoge.

Im Zuge kriegerischer Auseinandersetzungen wurde der Tempel 586 v.d.Z. zerstört, die Bundeslade geraubt. Sie gilt seitdem als verschollen. Im 6. Jahrhundert v.d.Z. wurde der Tempel zwar wieder aufgebaut, das Allerheiligste blieb jedoch leer, statt zehn Leuchter wurde nur noch eine Menora aufgestellt. Die Umgestaltung des Tempelbezirks durch König Herodes im Jahre 20 v.d.Z. leitete die letzte Periode des Tempels in Jerusalem ein. Im Jahre 70 n.d.Z. kam es nach der Niederschlagung des Zeloten-Aufstands gegen die römische Vorherrschaft zu der zweiten Zerstörung des Heiligtums und zur Verschleppung der Einrichtungsgegenstände nach Rom. Dort erinnert noch heute ein Relief des Titusbogens an diese schicksalhaften Ereignisse – es zeigt den Beutezug mit der geraubten Menora. Ein weiterer Aufstand im Jahre 135 n.d.Z. wurde von den Römern ebenfalls niedergeschlagen. Der Tempel, von dem noch bauliche Reste vorhanden waren, wurde dem Erdboden gleichgemacht, den Juden das Betreten Jerusalems verboten. Nur ein Teil der Umfassungsmauer des damaligen Tempelbezirks ist in Jerusalem durch die Jahrhunderte erhalten geblieben und als Klagemauer vielen Menschen bekannt.

Neben dem Tempel ist die Existenz von Synagogen im antiken Palästina seit dem 2. Jahrhundert v.d.Z. durch archäologische Befunde belegt. Sie dienten ursprünglich als Mehrzweckbauten für Versammlungen, Gebet, Lehre sowie Rechtsprechung und waren im architektonischen Sinne Nachbilder von Profanbauten. Stilistisch lehnten sie sich an römische Basiliken an. Erst nach der Zerstörung des Tempels wurden sie zu den wichtigsten religiösen Gebäuden und übernahmen auch die Funktion als wichtigste Stätten des Gottesdienstes. Der Opferkult des Tempels wurde nicht aufgenommen, stattdessen etablierte sich ein Gebetsgottesdienst, in dessen Mittelpunkt die Vorlesung eines Abschnittes aus der Tora (hebräisch: die Fünf Bücher Moses) stand. Die Erscheinungsform der Tora hat sich bis in die Gegenwart wenig verändert. Sie besteht aus einer Schriftrolle (Torarolle), die um zwei reich verzierte Stäbe gewickelt ist. Im Gottesdienst wird die Torarolle feierlich aus dem Toraschrein (hebräisch: Aron ha-Kodesch) entnommen und auf ein Lesepult, den Almemor, gebracht. Es ist davon auszugehen, dass sowohl der Toraschrein als auch der Almemor in der Antike zunächst transportabel waren. Da die Torarollen als das Wertvollste einer jeden Gemeinde galten und ihre Aufbewahrung in einem transportablen Behältnis wahrscheinlich deshalb als unangemessen erschien,

wurde nach einem festen Aufbewahrungsort gesucht. So lassen sich ab dem 6. Jahrhundert Synagogen in Palästina nachweisen, in denen eine besonders hervorgehobene Apsis den Toraschrein beherbergt. In Anlehnung an religiöse Gesetze, nach denen die Gebete in Richtung des ehemaligen Tempels von Jerusalem zu richten seien, befand sich die Apsis an derjenigen Wand der Synagoge, die nach Jerusalem zeigte. Dieser Tradition folgend waren die Synagogen in den westlichen Ländern in der Regel nach Osten, die in östlichen Ländern nach Westen ausgerichtet. Nach der Zerstörung Jerusalems und der Versklavung eines Teils der jüdischen Bevölkerung sowie durch das Anwachsen jüdischer Gemeinden an wichtigen Handelsplätzen verlor Palästina an Bedeutung als traditionelles jüdisches Siedlungsgebiet. Aus dem 7. Jahrhundert datieren die letzten nachweisbaren antiken Synagogen auf dem Gebiet des heutigen Landes Israel.

Das Zentrum jüdischen Lebens verlagerte sich immer mehr nach Europa. Auch im Gebiet des heutigen Deutschlands waren Juden schon zur Zeit der römischen Besiedlung ansässig, bauliche Relikte sind aber nicht erhalten geblieben. Die ältesten architektonischen Zeugnisse von Synagogen stammen aus dem Mittelalter. Sie waren entweder als stützenlose Saalbauten oder als zweischiffige Gebäude mit zwei Säulen konzipiert (Worms). Männer und Frauen saßen in getrennten Räumen, die Frauen konnten durch Wandöffnungen dem Gottesdienst folgen. Der Almemor bekam im Gegensatz zu den antiken Synagogen einen festen Platz in der Mitte des Innenraums: Der liturgische Mittelpunkt erfuhr somit eine architektonische Würdigung. Bis ins 12. Jahrhundert konnten Juden in den meisten Gebieten relativ unbehelligt leben, allerdings vernichtete eine Pogromwelle im Zusammenhang mit dem 1. Kreuzzug 1096 im Rheinland viele jüdische Gemeinden. In der Folgezeit nahmen judenfeindliche Pogrome und Maßnahmen zu, vor allem da die Kirche verstärkt auf die Ausgrenzung der Juden aus der christlichen Gesellschaft drängte. Auch die Tatsache, dass Juden vermehrt im Geldverleih und Handel tätig waren – ein Umstand, der sich unter anderem aus dem Verbot der

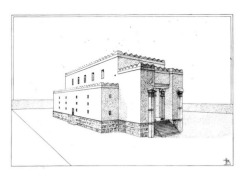

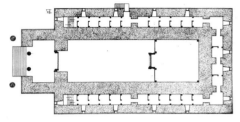

 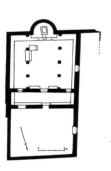

oben: Salomonischer Tempel in Jerusalem. Ansicht von Südosten
darunter: Salomonischer Tempel in Jerusalem. Grundriss
unten links: Grundriss der Synagoge von Kefar Nahum (Kapernaum), 4. Jahrhundert n. d. Z.
unten rechts: Grundriss der Synagoge von Beth Alpha, 1. Hälfte 6. Jahrhundert n. d. Z.
außen oben: Bronzene Menora, 6. Jahrhundert n. d. Z., gefunden bei Ausgrabungen
der antiken Synagoge von Ein Gedi
außen unten: Modell der antiken Synagoge von Tell Hum

Ausübung eines Handwerks durch die Zünfte und dem Verbot des Zinsgeschäftes für Christen ableitete –, führte zu Anfeindungen von Seiten christlicher Schuldner. 1290 wurden die Juden aus England verwiesen, 1394 aus Frankreich und Ende des 15. Jahrhunderts mussten sie im Zuge der Vertreibung der Araber aus Spanien auch dieses Land verlassen. Viele flüchteten nach Osteuropa und gründeten dort bedeutende Gemeinden. Auch in Deutschland wurden die Juden bis auf wenige Ausnahmen aus den Städten vertrieben, doch anders als in Frankreich und England konnten sie sich in kleineren Ortschaften ansiedeln. Dieser Umstand spiegelte sich in der Entstehung einer vorwiegend dörflich geprägten Architektursprache wider. Das Klima der latenten Anfeindungen veranlasste viele jüdische Gemeinden dazu, Synagogen und Beträume zu errichten, die sich nach außen von der nichtjüdischen Nachbarbebauung kaum unterschieden. Nur winzige Details, wie die etwas größer dimensionierten Fenster oder eine in der Ostwand des Gebäudes sich abzeichnende Apsis für den Toraschrein, deuteten auf eine besondere Nutzung hin.

Erst im Zeitalter der Aufklärung verbesserte sich die gesellschaftliche Lage der jüdischen Bevölkerung. Zunächst entstanden in kleineren Städten wieder Synagogen, die ihre sakrale Nutzung auch nach

außen deutlicher artikulieren konnten. Die beginnende gesellschaftliche Gleichstellung der Juden ermöglichte es ihnen vermehrt, in die Städte zurückzukehren. Mit der Synagoge von Friedrich Weinbrenner in Karlsruhe entstand 1798 der erste Neubau im Zentrum einer größeren Stadt, doch auch hier war der eigentliche synagogale Raum im Stadtbild nicht sichtbar. Im 19. Jahrhundert, das ein hohes Bevölkerungswachstum verzeichnete, stieg auch der Anteil der jüdischen Bevölkerung. Größere Gotteshäuser wurden benötigt und die gesellschaftlichen Bedingungen erlaubten es endlich, repräsentative Synagogen zu errichten, die auch im öffentlichen Raum der Innenstädte als Sakralbauten in Erscheinung traten. Schließlich konnten im 19. Jahrhundert nach jahrhundertelanger Diskriminierung Juden selbst als Architekten auftreten und zahlreiche Bauaufgaben übernehmen. Es entstanden in den deutschen Städten imposante Gebäude, deren städtebauliche

Bedeutung der christlicher Sakralarchitektur ebenbürtig war und die Teil einer gemeinsamen Kultur von Juden und Nichtjuden in Deutschland darstellten.

Die bis 1933 errichteten Synagogen in Deutschland lassen sich in drei Gruppen einteilen: Synagogen mit neo-islamischen beziehungsweise orientalischen Stilelementen, Synagogen im Stil der deutschen Romanik und Synagogen, die zeitgenössischen beziehungsweise regionalen Baustilen folgten. Der neo-islamische Stil entsprach dem neuen Selbstbewusstsein der jüdischen Gemeinden und betonte deren Eigenständigkeit. Die nichtjüdischen Architekten verstanden diese Stilausprägung als Hinweis auf die orientalische Herkunft der jüdischen Religion. Beispiele hierfür bilden die Synagogen in Köln (Glockengasse), Leipzig, Nürnberg und Kaiserslautern.

Diejenigen Synagogen, die im Stil der deutschen Romanik errichtet wurden, demonstrierten die Zugehörigkeit deutscher Juden zur deutschen Nation. Man wählte bewusst einen Baustil mit sakralen Konnotationen, vermied aber die Nähe zu der dominierenden christlichen Gotik. So erfolgte der

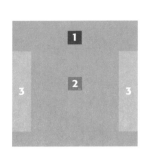
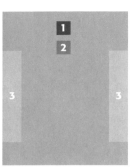

linke Seite von links:
Synagoge von Worms, 1174/75. Schnitt durch den
Männerraum und die Raschi-Kapelle
Ehemalige Synagoge in Lengfeld/Odenwald,
18. Jahrhundert. Außenansicht von Westen.
Zeichnung von 1942
Synagoge von Ansbach/Mittelfranken, 1744/45.
Straßenfront

oben links: Schema der Raumaufteilung in einer
orthodoxen Synagoge
oben rechts: Schema der Raumaufteilung in einer
liberalen Synagoge
1 Toraschrein
2 Almemor
3 Frauenempore
unten: Synagoge von Karlsruhe, 1798

Rückgriff auf eine architektonische Tradition, der auch die ersten großen Dome in Deutschland, zum Beispiel Speyer, verpflichtet waren. Zu dieser Gebäudegruppe gehören unter anderem die Synagogen von München und Hannover.

Die dritte Gruppe umfasst Synagogen, die zeitgenössischen oder regionalen Baustilen folgten. Als Beispiel wäre hier die Synagoge von Plauen im Bauhausstil zu nennen. Sicherlich stellt diese Gruppe keine homogene Einheit dar, gibt es doch hier kleinere Untergruppen von Stilen zu verzeichnen. Aber im Vergleich zu den beiden dominierenden Baustilen, die auch die intellektuelle Debatte beherrschten, spiegelt die letzte Gruppe mit all ihren unterschiedlichen Ausprägungen die architektonische Gesamtsituation im Spannungsfeld von Historismus und Aufbruch zur Moderne wider, wie sie bei anderen zeitgenössischen Bauaufgaben auch zu finden war.

Auch wenn dem äußeren Erscheinungsbild der meisten Synagogen im 19. und 20. Jahrhundert eindeutige Charakteristika fehlen, so wird ihr Innenraum fast immer von drei deutlich akzentuierten architektonischen Elementen geprägt. Neben Aron ha-Kodesch und Almemor ist als drittes Element die Frauenempore zu nennen. Die Anordnung dieser Elemente wurde bis ins 19. Jahrhundert durch die orthodoxe Liturgie bestimmt. Sie sah eine Stellung des Almemors in der Mitte des Innenraums vor. Daraus ergab sich ein räumliches Spannungsverhältnis zwischen dem Almemor in der Mitte des Raumes – oft betont durch eine zentrale Kuppel – und dem Toraschrein im Osten, in der Regel dem am aufwendigsten gestalteten Bereich einer Synagoge. Im Gegensatz zu der orthodoxen Liturgie gewährte die im 19. Jahrhundert aufkommende liberale Liturgie dem Almemor einen Platz in der Nähe des Toraschreins. In den liberalen Synagogen findet meist eine architektonische Betonung der Längsachse statt.

Zusammenfassend kann festgestellt werden, dass die Synagoge nicht über ihr äußeres Erscheinungsbild zu charakterisieren ist, sondern vielmehr durch den Innenraum definiert wird. Worüber allerdings das äußere Erscheinungsbild der Synagogen außerhalb Israels Auskunft geben kann, ist die gesellschaftliche Situation der jüdischen Minderheit, ihr Selbstverständnis und die Toleranzfähigkeit der Mehrheitskultur. Die Synagogen waren so durch die Jahrhunderte hinweg architektonische Seismographen für gesellschaftliche Verhältnisse.

Salomon Korn
Deutsche Synagogen
Eine Einführung

Synagogen zählen zu jenen Baugattungen, die sich nicht ohne weiteres lexikalisch definieren lassen. Schon ihre dreifache Bestimmung als Haus der Versammlung (Bet ha-Knesset), Haus des Lernens (Bet ha-Midrasch) und Haus des Betens (Bet ha-Tefila) verweist auf die Vielfalt ihres Wesens, ohne damit etwas über ihre architektonische Ausprägung anzudeuten. Und in der Tat ist sie eher ein geistiges denn ein baukünstlerisches Gebilde. Immaterieller Gehalt und materielle Hülle haben im Lauf von über 2000 Jahren ein spannungsvolles Wechselverhältnis herausgebildet, ohne je zu einer architektonischen »Idealgestalt« zu finden. Auch wenn das Wesen der Synagoge sich nicht idealtypisch »materialisieren« lässt, so ist eine baukünstlerische Annäherung dennoch möglich. Um diesen komplexen Prozess zu begreifen, ist es notwendig, die entscheidenden Entwicklungsschritte der jüdischen Betstätten während ihrer langen Geschichte ansatzweise aufzuzeigen.

»Wie ehrfurchterweckend ist dieser Ort! Das ist nichts anderes als ein Haus Gottes, und hier ist die Pforte des Himmels.« Diese Worte spricht Jakob nach Erwachen aus jenem Traum, in dem eine Leiter von der Erde bis in den Himmel ragt: Auf ihr stiegen – wie um Himmel und Erde zu verbinden – die Engel Gottes auf und nieder. Den Stein, der zuvor im Schlaf sein Haupt gestützt hatte,

richtete Jakob auf, goss Öl darüber und nannte die Stätte Beth-El: Haus Gottes. So hat im Judentum der Gedanke, Gott ein Heiligtum zu errichten, seinen Ursprung nicht in einer Forderung Gottes an den Menschen, sondern im Willen des Menschen selbst. Für die spätere Entwicklung der Synagoge ist dieser Gedanke bedeutend, weil in ihr alle Beter Laienpriester sind und damit ohne vermittelnde Instanz direkt zu Gott stehen. So ist die Synagoge in erster Linie nicht ein Haus Gottes, sondern ein Haus der Menschen in Anwesenheit Gottes. In der Bibel wird dieser Umstand früh erwähnt: »Ein Heiligtum sollen sie mir machen, dass ich einwohne in ihrer Mitte«, lautet Gottes Anweisung an die Kinder Israels, als sie während ihrer Wüstenwanderung am Berge Sinai lagern.

Anstelle von Götzenbildern sollten sie von nun an in einem provisorischen und portativen Heiligtum, dem Stiftzelt, einen unsichtbaren Gott verehren, der weder Gestalt noch Namen hatte. Die Erfüllung dieser Forderung als Grundlage des Bundes bedeutete für die Kinder Israel den endgültigen Verzicht, göttliche Macht durch Vergegenständlichung der Gestalt Gottes magisch bannen zu können; sie war gleichzeitig die Anerkennung seiner unsichtbaren Allgegenwart und in letzter Konsequenz der »Triumph« der Geistigkeit über die Sinnlichkeit. Wie schwer es den Juden fiel, ein Heiligtum anzunehmen, dessen Gottheit nicht mehr sinnlich erfassbar war, zeigt nicht nur der Tanz ums Goldene Kalb, sondern auch das zweite jüdische Gotteshaus, der Salomonische Tempel. Schon seine an phönizischer Tempelbaukunst orientierte Gestaltung lässt graduelle Aufweichungen des

abstrakt-monotheistischen Prinzips zugunsten einer Annäherung an heidnische Sitten umliegender Völker erkennen. Doch über rein formale Merkmale hinaus deuten eine stark hierarchisch geordnete Priesterschaft, der Opferdienst im Tempel und Zonen unterschiedlicher Heiligkeit auf Merkmale hin, die schwerlich mit einem reinen Monotheismus vereinbar sind.

Der Salomonische Tempel war nicht die architektonisch angemessene Antwort auf den Monotheismus, sondern Übergangs- und Kompromissform zwischen sinnlichem Götzendienst und Glauben an einen unsichtbaren Gott. Vermutlich bedurfte es erst der Zerstörung des Tempels durch die Babylonier im 6. Jahrhundert vor Christus, um einer Kultstätte zum Durchbruch zu verhelfen, die dem Monotheismus angemessen war: die »unsinnliche« Synagoge ohne Priester, wo jeder Betende in unmittelbarer Beziehung zu Gott stand, wo anstelle des Altars die erhöhte Predigerestrade, anstelle des blutigen Opfers das unblutige Gebet und anstelle der Bundeslade mit den Gesetzestafeln der Toraschrank mit den biblischen Schriftrollen traten.

Im Unterschied zum Tempel, dessen differenzierte Raumfolge mit Zonen zunehmender Heiligkeit und Opferdienste als Gipfel der Kulthandlung zugeschnitten war, erwuchsen die Forderungen an das Raumprogramm der frühen Synagogen aus einer gänzlich anderen Geisteshaltung: Hier näherte man sich Gott nicht mehr in zeremonieller Weise,

als wäre seine Gegenwart nur an einen bestimmten Ort, das Allerheiligste des Tempels, gebunden. Seine Gegenwart wird rein geistig gefasst, er ist überall und nirgends; die Gläubigen sammeln sich um einen bestimmten Punkt, um vom Schriftgelehrten Gottes Wort zu hören. Daraus folgt für den Bau, dass man sich um einen Punkt, praktischerweise um einen erhöhten Punkt sammeln könne, damit der Vortragende allen sicht- und hörbar sei: Die erhöhte Kanzel, der Almemor, auf der der Vortragende seinen Platz hat, ist damit als geistiges und örtliches Zentrum gegeben. Der auf das belehrende Wort aufbauende Gottesdienst stellt keine weiteren Forderungen an den Raum.

Doch erwuchs neben der eher profan ausgerichteten Belehrung die Notwendigkeit, in der Synagoge auch geregelte sakrale Handlungen mit und neben dem Gebet vorzunehmen. Somit traten neben die rationalen Momente der geistigen Belehrung und des Gottesdienstes auch sakrale und damit andere, zusätzliche Forderungen an den Raum. Es handelt sich dabei um den Aron ha-Kodesch, kurz Aron genannt, den heiligen Schrein, der die Tora, die biblischen Schriftrollen, enthält; sie werden an bestimmten Tagen und zu bestimmten Gelegenheiten während des Gottesdienstes aus der Heiligen Lade ausgehoben, in einer Zeremonie zum Almemor getragen, dort verlesen und anschließend wieder zurückgetragen.

Ideengeschichtlich stellt die »provisorische« Synagoge des babylonischen Exils – wenn überhaupt – eher eine Rückkehr zum portativen Stiftzelt der Wüste als zum »festen« Tempel Zions dar.

Da aber schon das Stiftzelt mit der Bundeslade (dem Allerheiligsten) einen wichtigen sakralen Bestandteil des Tempels beherbergte, kann die Synagoge (mit der Heiligen Lade) sowohl Elemente des Stiftzeltes (profan, unsinnlich, provisorisch) als auch solche des Tempels (sakral, sinnlich, dauerhaft) mit jeweils unterschiedlicher Gewichtung enthalten. Vereinfacht ließe sich feststellen: Die Synagoge schwankt in ihrer wechselvollen Geschichte je nach äußeren und inneren Bedingungen zwischen Provisorium und festem Haus, zwischen lebendiger Religiosität und ritualisiertem Zeremoniell, zwischen Abstraktion und Sinnlichkeit, zwischen rational-profanen und magisch-sakralen Elementen. Diese Gegensatzpaare finden ihre konkrete Umsetzung im Konflikt zwischen Almemor und Heiliger Lade, das heißt zwischen deren räumlicher Position, Größenverhältnis und Gestaltungsmerkmalen. Aus architektonischer Sicht war das Problem der nachbabylonischen antiken Synagoge im Heiligen Land keines der räumlich-plastischen Durchbildung des Gebetsraumes, sondern immer »nur« eines der Grundrissanordnung. Es betraf die zunächst schwankenden Positionen des Almemors und des Aron ha-Kodesch in der Synagoge, bis schließlich, auch aus akustischen und optischen Gründen, der Almemor seine »logische« Aufstellung im

Zentrum des Raumes fand und die Heilige Lade an die Wand rückte, die in Richtung Jerusalem, in Richtung des Tempels zeigte. Von seiner exponierten Stellung her »fordert« der Almemor eher den Zentralraum, während die Ostwandposition des Aron ha-Kodesch durch ein Langhaus betont werden kann.

Dem ideellen Konflikt zwischen Almemor und Aron ha-Kodesch entspricht auf architektonisch-räumlicher Ebene der Konflikt zwischen Zentralität und Longitudinalität. Darüber hinaus besitzt die Synagoge von ihrem Ursprung her keine weiteren architektonischen Merkmale oder gar charakteristischen Stilelemente. Zugespitzt könnte man sagen: Die (äußere) Architektur der Synagoge ist austauschbar – das (innere) bipolare räumliche Prinzip, die »synagogale Raumantinomie«, ist es nicht! So lange dieses Prinzip gewahrt bleibt, bewahrt das jüdische Gotteshaus gegenüber Sakralbauten anderer Religionen seinen spezifischen, originären Charakter trotz aller austauschbaren Architekturformen und Stilhüllen.

Im Heiligen Land hat sich weder eine eigene Synagogenarchitektur noch ein besonderer Synagogenbaustil entwickelt. In Ermangelung eines eigenen synagogalen Baustils haben die Juden der Diaspora für ihre Gotteshäuser zu allen Zeiten den herrschenden Baustil ihres jeweiligen Gastlandes übernommen. Dieser Umstand bewirkte über ein Jahrtausend hindurch, dass Synagogen nicht als eigenständige Bauten einer gesellschaftlich ausgegrenzten Minderheit wahrgenommen wurden. Schon gar nicht in Deutschland, wo jüdische Gotteshäuser – wenn überhaupt – meist nur am Ortsrand oder in Hinterhöfen errichtet werden durften. Das änderte sich zu Beginn des 19. Jahrhunderts mit den ersten Emanzipationsbestrebungen der Juden und einem zunehmenden Nationalbewusstsein der Deutschen. In dieser Wendezeit kamen jedem Baustil andere, aus abend- und

morgenländischer Geschichte abgeleitete Bedeutungen und Sinngehalte zu: Die Wahl eines bestimmten Baustils hatte öffentlichen Bekenntnischarakter.

Für den Synagogenbau dieser Zeit war bedeutsam, dass im sakralsten aller überkommenen Baustile, der Gotik und Neugotik, Wünsche nach nationaler Einheit und Größe im Sinne des christlich-deutschen Mittelalters zum Ausdruck kamen. Da zu jener Zeit die Lösung der »jüdischen Frage« in der Christianisierung der Juden gesehen wurde, konnte es – sofern die Betonung jüdischer Eigenständigkeit im Vordergrund stand – für den Synagogenbau durchaus bedeutsam werden, Stilelemente zu vermeiden, die einen baulich-symbolischen »Übertritt« zum Christentum assoziativ nahe legten; andererseits wollten Juden das Bekenntnis zum deutschen Vaterland, ihrem neuen Jerusalem, auch öffentlich zeigen. Für den meist christlichen Synagogenbaumeister entstand in diesem Zwiespalt das Problem, in Baugestalt und Stilwahl die schwierige optische Differenzierung zwischen »deutsch« und »christlich« vornehmen zu müssen; er sollte den jüdischen Charakter des Sakralbaus herausarbeiten, ohne zu starke Anklänge an den Kirchenbau, dennoch das deutsch-nationale (Bekenntnis-)Element betonen – eine schwierige Gratwanderung, wenn man bedenkt, dass fast immer orientalisierende Stile herangezogen werden mussten, um die Eigenständigkeit des Judentums öffentlich darzustellen. Allerdings barg diese Verwendung neo-islamischer Stilelemente die Gefahr in sich, »undeutsche« Assoziationen zu wecken und damit gesellschaftliches Außenseitertum visuell zu verstärken.

Diesem synagogalen Stilkonflikt entging zum Beispiel Gottfried Semper bei der 1840 erbauten Dresdner Synagoge durch orientalisierende Ausschmückung des Inneren und romanisierende Gestaltung des Äußeren, wobei er andeutungsweise auf Elemente des Stiftzeltes und des Tempels zurückgriff. Wie bei vielen späteren Synagogen auch, sollte hier die Verwendung neo-islamischer Stilformen die Erinnerung und Verbundenheit mit der aus dem Orient stammenden »alten« jüdischen Religion herausstreichen, während mit den romanisierenden (später auch gotisierenden) Gestaltungselementen die »neue« Zugehörigkeit zur deutschen Nation betont werden sollte.

Dieser Stileklektizismus versinnbildlicht die Versuche, durch Mischung orientalischer und abendländischer Bauformen für die in ihrer gesellschaftlichen Stellung noch bedrohten Juden einen eigenen, Identität stiftenden Baustil zu finden und gleichzeitig die Zugehörigkeit zu Deutschland zu bekennen. An der Nahtstelle zwischen abendländischer Bauhülle und morgenländischen Stilelementen, die nie zu einer wirklichen baukünstlerischen Einheit gefunden haben, zeichnen sich auf architektonischer Ebene jene feinen bis breiten Risse ab, wie sie in der gesellschaftlichen Situation der Juden während ihres Kampfes um rechtliche, soziale und konfessionelle Gleichstellung allenthalben zu beobachten sind.

Die bereits zu ihrer Zeit von jüdischer Seite als zwiespältig empfundene Verwendung islamisch-orientalisierender Stilelemente im Synagogenbau veranlasste unter anderen den königlich-hannoverischen Baurat Edwin Oppler (1831–1880), gebürtiger Jude, die Abkehr von neo-islamischen Synagogen zu fordern. Nach seiner Auffassung standen sie in keiner Beziehung zum Judentum der Neuzeit und waren nur als »Verirrungen« zu betrachten. In Anlehnung an die mittelalterliche Synagogenbautradition, den jeweils herrschenden Baustil zu übernehmen, bevorzugte er nach Landessitte christliche Kirchen als Synagogenvorbilder. Er wollte in »rein deutschen Stylen« bauen, wie die Synagogen in Bleicherode, Breslau, Hameln, Hannover und Schweidnitz bezeugen.

Was in früheren Jahrhunderten beim Synagogenbau unmittelbare Entlehnung gerade vorherrschender Architekturformen gewesen war, rückte jetzt in die Nähe der Reproduktion bereits reproduzierter historisierender Baustile – Kopie der Kopie bis zur optischen Selbstverleugnung, um als Jude, nach Opplers Worten, »im Staate aufzugehen«. Das wiederum konnte den nach gesellschaftlicher Anerkennung strebenden Juden den Vorwurf mangelnder Eigenständigkeit und mangelnden Geschichtsbewusstseins eintragen. Aus diesem Dilemma – Spiegelbild gesellschaftlicher Stigmatisierung – gab es kein Entrinnen: Errichteten jüdische Gemeinden ihre Synagogen selbstbewusst in orientalisierenden Stilen, dann liefen sie Gefahr, sich optisch auszugrenzen, bauten sie ihre Gotteshäuser in »deutschen« Stilen, um ihre Zugehörigkeit zum deutschen Volk öffentlich zu demonstrieren, dann brachte ihnen das rasch den Vorwurf der Selbstverleugnung ein.

Über allem stand der Wille, Teil der deutschen Nation zu sein. Und so strebten die Juden in Deutschland an, ihre gesellschaftlich stigmatisierte Bezeichnung abzulegen und sich fortan »Israeliten« zu nennen. Ihre Synagogen aber wandelten sie in »Tempel« um. Dies war mehr als eine bloße Umbenennung, es war programmatisch: Nicht mehr das ferne Palästina, sondern Deutschland betrachteten sie von nun an als ihr gelobtes Land. Nicht mehr in Zion, sondern in Deutschland sahen sie den Ort, an dem der

messianisch verheißene Tempel zu bauen sei. Und so entstanden in vielen deutschen Ortschaften neue große jüdische Tempel, die weithin sichtbares Bekenntnis der deutschen Juden – der israelitischen Deutschen – zu ihrem neuen gelobten Land waren. Liberale Strömungen innerhalb des Judentums gewannen die Oberhand und glichen ihre Synagogen in Stil und Architektur zunehmend stärker dem Kirchenbau an. Der zentral stehende Almemor wurde, christlichem Zeremoniell folgend, an die Ostwand der Synagoge in unmittelbare Nähe der Heiligen Lade gerückt: Dessen »orthodoxe Anordnung« in Raummitte schien Liberalen und Reformern nicht mehr zeitgemäß. Damit war in diesen Synagogen der Jahrtausende alte synagogale Raumkonflikt aufgehoben. So wurden aus den lange als »Judenschulen« verpönten jüdischen Gotteshäusern unter Aufgabe der originären synagogalen Raumanordnung Synagogen-Kirchen: die neuen Tempel der deutschen Israeliten.

Eine leidvolle zweitausendjährige Reise durch die Diaspora, so schien es den deutschen Juden, war an ihr glückliches Ende gelangt. Doch diese Illusion währte nicht lange. Als in der Nacht vom 9. auf den 10. November 1938 überall in Deutschland Synagogen brannten, endete für jedermann sichtbar die fruchtbarste Epoche deutsch-jüdischer Geschichte: 150 Jahre mühsam erkämpfte bürgerlich-rechtliche Gleichstellung verflüchtigte sich im Rauch jener Schreckensnacht. Über den Akt materieller Zerstörung jüdischer Gotteshäuser hinaus sollten die brennenden Synagogen, nationalsozialistischer Weltanschauung folgend, die Auslöschung des Judentums im innersten Kern symbolisieren. In jener so genannten »Reichskristallnacht« verbrannten mit den Synagogen-Tempeln das innige Bekenntnis und die unerwiderte Liebe der deutschen Juden – der jüdischen Deutschen – zu ihrem Vaterland.

Seither fehlen die Synagogen im Stadtbild der meisten deutschen Ortschaften. Aber nicht nur dort: Sie sind auch weitgehend aus dem Bewusstsein der deutschen Bevölkerung verschwunden. Zu Beginn des 20. Jahrhunderts gab es etwa 2800 Synagogen und Betstuben in Deutschland. Davon wurden, entgegen den beschönigenden Angaben der Nationalsozialisten, weit über die Hälfte zerstört, der größte Teil während der Nacht vom 9. November 1938, ein weiterer Teil durch Kriegseinwirkungen. Von denen, die »Reichskristallnacht« und Krieg überstanden hatten, wurden die meisten zweckentfremdet, verkauft oder abgerissen. Die Erinnerung an eine einst blühende Baugattung in Deutschland ist seither nahezu ausgelöscht.

Seit 1995 sind einige Monumentalsynagogen virtuell rekonstruiert worden; weitere sollen folgen. Kann die Visualisierung des Zerstörten, die räumliche Rekonstruktion früherer Synagogen im Computer ein Bewusstsein von der Dimension des Verlustes vermitteln? Wer diese virtuellen Synagogen »betritt«, staunt über die einstige Pracht dieser Gotteshäuser. Doch damit sind Fragen verbunden, die immer noch einer Antwort harren: Den Verlust eines Menschen, eines Lebewesens, einer Sache empfindet man nur, wenn man sich ihnen nahe gefühlt hat, sie Teil des eigenen Lebens, der eigenen Geschichte waren. Empfindet man Ähnliches beim Durchwandern der virtuellen Synagogen? Bleibt der Betrachter gefühlsmäßig nicht eher auf der Ebene des Bedauerns als auf der des Verlustgefühls? Bei aller Detailgenauigkeit fehlen die Menschen, die diesen Gotteshäusern einst das Leben eingehaucht haben. Dies und der Eindruck der Künstlichkeit lassen sich nicht überwinden. Doch gerade diese unüberbrückbare Distanz ist notwendig, um nicht die Illusion zu nähren, man könne zerstörte Synagogen virtuell rekonstruieren und sie auf diese Weise – sozusagen als späten »Sieg« über die Nationalsozialisten – für alle Zukunft unzerstörbar machen. Ins Stadtbild und damit ins Bewusstsein der deutschen Bevölkerung werden sie auch in virtuell belebter Form nicht mehr zurückkehren.

So wie aus einstmals blühenden jüdischen Gemeinden in Deutschland Gedenkbücher geworden sind, so sind jetzt aus zerstörten Synagogen bewegte Bilder geworden: der Wirklichkeit entrückt, doch für Geschichtswissenschaft, Baugeschichte und museale Präsentation auf unvorhergesehene Weise gerettet – das mag wenig für die kollektive Erinnerung der Deutschen bedeuten, für die Wissenschaft, für Interessierte, für diejenigen, die die zerstörten Synagogen virtuell belebt haben, ist es viel. Was die Großväter endgültig zerstörten, können die Enkel nicht wieder errichten – auch nicht virtuell. Und doch bleibt Staunen und Dankbarkeit über die faszinierenden Bilder, die sie – als bleibende Mahnung – aus dem Dunkel der Geschichte zurückgeholt haben.

Marc Grellert
Chancen Neuer Medien in der Gedenkkultur
Erinnerung an die zerstörten Synagogen

Neue Medien haben in den letzten Jahren einen enormen Bedeutungszuwachs erfahren und sind aus vielen Bereichen des gesellschaftlichen Lebens nicht mehr wegzudenken. Die ständige Weiterentwicklung der Informations- und Kommunikationstechnologien, insbesondere auch die Entwicklung des Internet, verändert Gewohnheiten und bietet Möglichkeiten, die vor Jahren noch nicht denkbar waren. Diese Entwicklung macht auch vor der Erinnerungskultur nicht Halt.

So haben die 3D-CAD-Simulationen, eine Technologie, die erst seit etwa zehn Jahren verbreiteter angewendet wird, neue Formen der Darstellung nicht mehr vorhandener Bauwerke ermöglicht. Diese Darstellungsformen waren vorher mit traditionellen Mitteln wie Zeichnungen und Architekturmodellen nicht zu erzielen. Die 3D-CAD-Simulationen ermöglichen, in einem dreidimensionalen Computermodell von einem Moment zum nächsten jeden denkbaren Blickwinkel einzunehmen und Raumeindrücke eins zu eins aus der Perspektive des Betrachters zu gewinnen. Die 3D-CAD-Simulation kann so einen hohen Grad an räumlicher Vorstellungskraft erzeugen. Virtuelle Rundgänge innerhalb und außerhalb der Gebäude verstärken diese Wirkung nochmals.

Die Faszination dieser neuen Technologie sowie das Interesse an Architektur und NS-Zeit führten bei mir, ausgelöst durch den Brandanschlag auf die Synagoge in Lübeck im Jahre 1994, zu der Idee, Synagogen, die in der NS-Zeit zerstört worden waren, mittels Computer zu rekonstruieren. Die so ge-

wonnenen räumlichen Eindrücke – sicher nur eine Annäherung an das Zerstörte – stehen nun durch das Internet weltweit zur Verfügung. In der Einbettung von Erinnerungskultur in die Potentiale der Informations- und Kommunikationstechnologien wird meiner Ansicht nach eine große Zukunft für Erinnerungsarbeit im Allgemeinen und für Erinnerung an nicht mehr existente Architektur im Besonderen liegen. Durch die Entwicklung des Internet, das einem breiten Benutzerkreis erst seit einigen Jahren zur Verfügung steht, kann Information weltweit unabhängig von Raum und Zeit zur Verfügung gestellt werden. Das Internet ist meiner Meinung nach als wichtigster Träger von Gedenkkultur im Bereich der Neuen Medien anzusehen. Es ist als öffentlicher Raum in einer immateriellen Welt zu begreifen. Diese immaterielle Welt bietet Möglichkeiten des Gedenkens, die über die der materiellen Welt hinausgehen.

Im Gegensatz zur Gedenkkultur in der materiellen Welt, die in der Regel einen rezeptiven Charakter aufweist, da ihre Botschaften und Informationen nur dem Betrachter und damit einseitig übermittelt werden können, liegt im immateriellen Erinnerungsraum die Möglichkeit der Aktion und Interaktion. »Besucher« können so untereinander oder mit denjenigen, die Informationen bereitstellen, in einen Diskurs treten. In diesem Sinne könnten sich am Beispiel der Synagogen Besucher und

Zeitzeugen im immateriellen Raum treffen: Begegnung und Kommunikation bilden so eine interaktive Form des Erinnerns. Der immaterielle Ort des Gedenkens könnte auch ein Raum sein, der Interessierte selbst zu einem Teil des geschichtlichen Aufarbeitungsprozesses werden lässt. Vermittelt der authentische Ort im Stadtbild immer nur einen Aspekt der Vergangenheit – hier die Erinnerung an eine Synagoge –, kann der immaterielle Ort stets auch das Ganze thematisieren. Über die Vernetzung vermag er unendlich viele Bezüge zu anderen immateriellen Erinnerungsorten anzubieten und diese Teilbereiche so zusammenzuführen, dass komplexere Sichtweisen entstehen. Die Möglichkeit, Inhalte und angebotene Verknüpfungen zu anderen Adressen im Internet auf einfache Weise sofort zu aktualisieren, stellt einen weiteren Vorteil digitaler Erinnerung dar. Dies kommt einer Auffassung von Erinnerung als Prozess und Dialog entgegen. Diese Potentiale, aber auch die Grenzen und die Randbedingungen für Erinnerungskultur mit Neuen Medien am Beispiel der Synagogen zu untersuchen, war und ist Teil der Forschungsarbeit am Fachgebiet CAD in der Architektur der Technischen Universität Darmstadt. Ein Resultat hieraus ist die Entwicklung eines interaktiven Archivs im Internet für die zerstörten Synagogen. Ausgangspunkt hierfür ist die These, dass die Intention des Erinnerns immer dann am stärksten zum Tragen kommen kann, wenn Menschen selbst aktiv in die Erinnerungsarbeit eingebunden sind und nicht nur die Angebote, die die Institutionen des kulturellen Gedächtnisses, wie sie zum Beispiel das Denkmal und das Museum bereithalten, rezipieren. Beim Synagogen-Internet-Archiv können die User selbst beim Aufbau dieses Archivs mitarbeiten. Die Kernstruktur bilden Basisinformationen zu über 2000 deutschen Synagogen, die 1933 als Gebäude noch existent waren. Diese Basisinformationen entstammen der Literatur und umfassen Ort, Standort, Bundesland, Nutzungsdauer, Ausmaß und Zeitpunkt von

Zerstörungen in der NS-Zeit, Zeitpunkt des Abrisses, Informationen zum Erhaltungszustand von Gebäude und Inneneinrichtung sowie Angaben zu Gedenkformen. Der User kann in diesem Archiv via Internet zu einer von ihm ausgewählten Synagoge selbst Zeitzeugenberichte, Kommentare, Links oder Bilder hinzufügen und damit die Basisinformationen ergänzen. Hintergrundinformationen zum Thema ergänzen das Angebot. Mit diesem Archiv entstand erstmals ein Überblick über deutsche Synagogen, der auch die neuen Bundesländer einschließt und der im Laufe der Zeit ständig aktualisiert und ergänzt werden kann. Statistische Abfragen lassen nun auch genauere Zahlen zu Teilaspekten entstehen. Als Beispiel sei hier die Zahl von über 350 Synagogen und Bethäusern genannt, die erst nach Ende des zweiten Weltkriegs abgerissen wurden. Inzwischen wurden auch österreichische Synagogen mitaufgenommen. Unter www.synagogen.info ist das Synagogen-Internet-Archiv im Netz erreichbar.

Die Generationen des 21. Jahrhunderts werden das weltweite Netz mit großer Selbstverständlichkeit benutzen und Informationen und Anregungen darüber beziehen. Erinnerungskultur, will sie die Menschen erreichen, wird sich zwangsläufig früher oder später dem nicht entziehen können. Dadurch wird das Erinnern an den authentischen Orten aber keineswegs überflüssig. Zeitgemäßes Erinnern und Mahnen bedeutet für mich Parallelität des Ortes: historische Authentizität an den materiellen Orten einerseits und immaterieller Erinnerungsraum im digitalen Netz andererseits.

Die materiellen Orte müssen dann aber ihre Besonderheiten zur Geltung bringen und zum Beispiel die sinnlichen Erfahrungen betonen, die nur in der materiellen Welt erlebbar sind. Erinnerung an die Synagogen an den authentischen Orten müsste meines Erachtens in diesem Sinne andeuten, was durch die Zerstörung im Stadtbild verloren gegangen ist. Die Synagogen waren Teil einer gemeinsamen Kultur von Juden und Nichtjuden in Deutschland und für den Stadtraum vieler Städte prägend. Dies ist jedoch im heutigen Stadtbild nicht mehr nachvollziehbar. Wenn etwas an die Synagogen erinnert, dann sind es meist Gedenktafeln oder Gedenksteine, die von der einstigen Existenz der Gebäude und den Umständen ihrer Zerstörung erzählen. Meiner Meinung nach sollte dort, wo die bauliche Situation es zulässt, das Erinnern über das reine Erwähnen der historischen Tatsachen hinausgehen und eine architektonische, raumbildende Dimension aufweisen. Das ließe die Bedeutung erahnen, die die Synagogen einmal für unser Stadtbild hatten. Ein Beispiel hierfür ist Wien, wo am Standort der ehemaligen Synagoge in der Tempelgasse vier mächtige Säulen die Konturen der Eingangsfront nachzeichnen. Ein anderes findet man am Standort der ehemaligen Synagoge Börneplatz in Frankfurt, wo die Konturen des Grundrisses an den unbebauten Stellen sichtbar sind. Lässt die bauliche Situation solche Lösungen nicht zu, könnte überlegt werden, wie die aus der Zerstörung der Synagogen hervorgegangene gewaltsame Veränderung des Stadtbildes mit anderen Mitteln indirekt darzustellen ist.

Teilt man die Auffassung, dass die Erinnerung an den Holocaust den nächsten Generationen weitergegeben werden soll, in der Hoffnung, dass daraus Lehren für Gegenwart und Zukunft

gezogen werden, dann erschrecken Umfragen wie die des Kölner Instituts für Massenkommunikation aus dem Jahr 1998. Dort kommt man zu dem Ergebnis, dass ein Fünftel der 14- bis 17-Jährigen noch nie etwas von Auschwitz gehört hat. Zwei Drittel der befragten Jugendlichen konnten die Zahl der ermordeten Opfer in den Konzentrationslagern nicht annähernd richtig beziffern. Für mich deuten solche Umfrageergebnisse darauf hin, dass Formen der Erinnerungsarbeit gefunden werden müssten, die gerade Jugendliche ansprechen. Den Neuen Medien kommt meines Erachtens in diesem Zusammenhang eine wichtige Rolle zu.

Deshalb habe ich die Hoffnung, dass sowohl die Computerrekonstruktionen der zerstörten Synagogen wie auch das Erinnern im Internet in der Kombination mit Zeitzeugenberichten und Hintergrundinformationen zur NS-Zeit, jüdischer Kultur und Architektur einen weiteren Anreiz und einen weiteren Zugang bieten, sich mit den Verbrechen des Nationalsozialismus auseinander zu setzen und für aktuelle Formen von Antisemitismus zu sensibilisieren.

Manfred Koob

Visualisierung des Zerstörten

»Synagogen in Deutschland – Eine virtuelle Rekonstruktion« heißt eine Ausstellung, die als solche ursprünglich nicht geplant war und die während der Vorbereitungsphase leidenschaftlich um ihre Form rang. Ihr Kernbereich präsentiert etwas, was es nicht mehr gibt, was zerstört worden ist. Folgerichtig stehen hier nicht konkrete Exponate im Vordergrund, sondern ein komplexer Prozess, der sich hinter jedem der »Exponate« verbirgt. Dieser Prozess ist nur schwer zu vermitteln, weil er an die Person des am Projekt aktiv Beteiligten gebunden ist, an dessen Erfahrungen, Erkenntnisse, dessen ganz individuelle Gedächtnisbildung. Im Frühjahr 1994 baten mich acht Architektur-studenten der Technischen Universität Darmstadt, ein Seminar unter dem Titel »Visualisierung des Zerstörten« durchzuführen. Es ist eine Zeit, in der die Ausgrenzung von Minderheiten und Anders-denkenden spürbar ist, einhergehend mit rechtem Gedankengut, das wieder öfter zutage tritt. Es ist das Jahr 1994, in welchem auf die Synagoge in Lübeck ein Brandanschlag verübt wird. Mit der virtuellen Rekonstruktion der in der Reichs-pogromnacht von den Nationalsozialisten zerstörten Synagogen wollen sie ein Zeichen des Mahnens und Erinnerns setzen, aber auch Bekenntnis ihres Denkens und Handelns ablegen. Gleichzeitig wollen sie die bauhistorische Bedeutung dieser Bauwerke in Erinnerung rufen, prägten doch die Synagogen des 19. und frühen 20. Jahrhunderts das Erscheinungsbild vieler Städte. Rekonstruiert wurden drei Frankfurter Synagogen. Es sind die Synagogen Börneplatz, Friedberger Anlage sowie die Hauptsynagoge in der ehemaligen Judengasse. Mit dem Einstieg in das Projekt begann auch eine Auseinandersetzung mit den eigenen Unsicherheiten und Berührungsängsten. Diese wur-den durchbrochen von der Unbekümmertheit der Studenten und ihrer Entschlossenheit, das Zer-störte wieder sichtbar zu machen. Die anfäng-lichen Bedenken, ein solches Projekt überhaupt an-gehen zu dürfen, wurden in Gesprächen mit Überlebenden des Holocaust und deren Nach-kommen in das Gegenteil verwandelt. In den darauf folgenden Begegnungen herrschte eine Stimmung von Entgegenkommen, Offenheit, Gesprächsbereitschaft, Neugierde, fast gespannte Vorfreude auf das, was geschah. Gemeinsam – Lernende wie Lehrende – haben wir vieles erfahren und vieles wahrgenommen, das Unfassbare als Tatsache akzeptieren müssen.

Architektur ist Stein gewordene Gesellschaftsord-nung. Sie gibt Auskunft über das Denken und Handeln der Menschen in ihrer Zeit. Gleiches gilt auch für Architektur, die von Menschenhand zerstört wird. Die systematische Zerstörung der Syna-gogen und Bethäuser, über 1400 an der Zahl, wurde zur unheilvollen Ankündigung dessen, was dann geschah. Der Vernichtung des sichtbaren Teils einer blühenden Kultur folgt die Ermordung von etwa sechs Millionen europäischer Juden.

Wir mussten erfahren, dass nicht nur die Synagogen zerstört wurden, sondern mit ihnen Bauakten und Dokumente – teils systematisch durch Anhänger des NS-Regimes, teils infolge des Krieges. Nur wenige Fragmente sind geblieben, nur wenige Spuren helfen heute, uns von den zerstörten Synagogen ein Bild zu machen. Wir mussten feststellen, wie un-sensibel und mit welcher Ignoranz mit diesen Fragmenten und den Standorten der Synagogen bis in die jüngste Zeit umgegangen wurde.

Es wurde uns immer bewusst, dass immer weniger Menschen über die Zeit berichten können, als die Synagogen brannten. Für jeden Einzelnen von uns war es ein individueller, oft von Befangenheit und von Unsicherheiten begleiteter Weg, erstmals Überlebenden im Gespräch zu begegnen, zu hören, was ihnen widerfahren ist, wo sie gebetet haben, was in ihrer Erinnerung verblieben ist. Im Sommer 1996 entstehen die ersten digitalen Bil-der auf der Grundlage weniger Dokumente und Hinweise der noch lebenden Zeitzeugen. Es sind Bilder, die aus der Beschäftigung mit der Ver-gangenheit, mit jüdischer Kultur und jüdischem Glauben sowie aus der Begegnung mit den Überlebenden hervorgegangen sind. Es sind Bilder aus deutschen Städten, deutschen Straßen, deutscher Vergangenheit, die zeigen, zu welcher Blüte es die jüdische Kultur in diesem Lande gebracht hatte. Und dennoch sind es Bilder, die unbewusst digitalen Grabmälern gleichen, Bilder, denen

Köln, Leipzig, München, Nürnberg, Plauen und Stuttgart. Da an der Technischen Universität Darmstadt für ein solch umfangreiches Projekt nur wenige Mittel zur Verfügung stehen, muss finanzielle Unterstützung gesucht werden. Mit Hilfe des Bundesministeriums für Bildung und Forschung kann das Vorhaben 1998 mit den Rekonstruktionen der Synagogen Köln, Hannover und Plauen in Angriff genommen werden. Die Förderung seitens des Ministeriums bildet die Grundlage für die Weiterführung des Vorhabens und ermutigt weitere Auftraggeber. Bald darauf schließen sich die Städte Kaiserslautern, München und Nürnberg dem Projekt an und unterstützen die Rekonstruktionen der jeweiligen Synagoge. Über 40 Studentinnen und Studenten des Fachbereichs Architektur beteiligen sich zurzeit an diesem Rekonstruktionsprozess. Die Öffentlichkeit nimmt das Projekt wahr. Und je mehr sie von dem Projekt wahrnimmt, umso befangener wird es, verliert fast seine Unschuld. Zum einen sollte es wissenschaftlichen Ansprüchen genügen, die eine öffentliche Präsentation einfordert; zum anderen sollte es seinen Mut bewahren, oftmals nur wenige Bruchstücke von Informationen und Daten zu konkreten Ergebnissen zusammenzufügen. Zahlreiche Zuschriften und E-Mails deutscher Juden bestärken uns, den eingeschlagenen Weg weiter zu verfolgen, Bilder aus der Vergangenheit in die Gegenwart zu holen. Fast scheint es, als seien diese Bilder nur ein Symbol, ein Symbol für das Tun. So ist diese Ausstellung, die gar keine sein wollte, als Werkbericht des eigenen Tuns zu verstehen, der eigenen Gedächtnisbildung in der »Generation der Enkel«.

Die Ausstellung wurde zum ersten Mal in der Kunst- und Ausstellungshalle der Bundesrepublik Deutschland in Bonn gezeigt. Viele Museen und Institutionen wollten sie danach in den jeweiligen

das Leben fehlt. Sie weisen uns hin auf eine irreversible Zerstörung, geben uns lediglich eine Illusion, dauernde Gegenwart erzeugen zu können. Und wir erkennen gemeinsam – Zeitzeugen, Lehrende und Lernende –, dass wir über Generationsgrenzen hinweg Teil eines gemeinsamen Gedächtnisses sind, in dessen Verantwortung wir alle stehen.

Geleitet von der positiven Resonanz auf das Frankfurter Projekt und vom politischen Interesse macht sich das Fachgebiet CAD in der Architektur (CAD = Computer Aided Design = rechnergestütztes Entwerfen und Konstruieren) unter Leitung von Marc Grellert und mir die Computerrekonstruktion von 14 weiteren großen deutschen Synagogen zum Ziel. Neben dem politischen Aspekt soll ein repräsentativer Überblick über die Bandbreite der synagogalen Architektur in Deutschland vor der Zerstörung vermittelt werden. Ausgesucht sind 14 Gotteshäuser aus den Städten Berlin, Darmstadt, Dortmund, Dresden, Düsseldorf, Hamburg, Hannover, Kaiserslautern,

Städten zeigen – alleine die finanziellen Möglichkeiten waren zu gering – denn die Ausstellung musste komplett neu erstellt werden. Der Kulturstiftung der Deutschen Bank, vor allem in der Person von Dr. Walter Homolka, ist es zu verdanken, dass diese Ausstellung nun auch an anderen Orten, insbesondere im Ausland, der Öffentlichkeit zugänglich gemacht wird. Inzwischen sind auch die Arbeiten an denjenigen Synagogen weiter vorangeschritten, die sich während der Bonner Ausstellung noch im Bearbeitungsprozess befanden. So wurden die Innenräume der Synagogen Nürnberg, Kaiserslautern und Dortmund fertig gestellt, Leipzig und Dresden werden bearbeitet, sobald weitere Mittel zur Verfügung stehen. Die Städte Mannheim, Bad Kissingen und Hamburg sind dem Beispiel anderer Städte gefolgt. Die Synagogen wurden auf Wunsch und mit Hilfe örtlicher Institutionen und von Privatpersonen rekonstruiert.

Rekonstruieren heißt »den ursprünglichen Zustand wiederherstellen oder nachbilden«. Um möglichen Missverständnissen vorzubeugen: Dies ist mit unserem Vorhaben nicht gemeint. Seit Beginn der achtziger Jahre ist es im Zuge der technologischen Entwicklung möglich, im Computer dreidimensionale Geometrien zu erzeugen und diese illusionistisch zwei- oder dreidimensional darzustellen,

als wären es Abbilder von realen Geometrien. Es lag
auf der Hand, diese Möglichkeit in den Dienst
der Architektur zu stellen: Entwerfen und Planen ist
die Simulation einer baulichen Idee, die der
Architekt mit Hilfe von zwei- und dreidimensionalen
Zeichnungen und haptischen Modellen vornimmt.
Die Transformation seiner Gedanken hilft sowohl ihm
als auch anderen, das gedachte Bauwerk darzustellen und anhand dieser Darstellung zu über-
prüfen. Die Rekonstruktion von historischen
Bauwerken und Stadtanlagen bedient sich der gleichen Methode. In beiden Fällen bietet die
Informationstechnologie mit ihrer Untermenge CAD
Möglichkeiten, die Bauwerke dreidimensional
im virtuellen Raum zu betrachten und je nach Bedarf
ihre verschiedenen Aggregatzustände zu
simulieren. Für die Auseinandersetzung mit Bauwerken der Vergangenheit drängt sich diese
neue Technologie förmlich auf, ermöglicht sie uns
doch, auch jene Teile unserer baulichen
Vergangenheit wahrzunehmen, die nicht wieder
errichtet wurden. Inzwischen wurden am
Fachgebiet CAD in der Architektur der Technischen
Universität Darmstadt mehr als 90 zerstörte

oder nie ausgeführte Bauwerke rekonstruiert und für
Laien und Fachleute visualisiert, beginnend mit
der Klosteranlage Cluny III im Burgund bis hin zu den
vatikanischen Palästen der Hochrenaissance.
Die Rekonstruktion von Bauwerken der Vergangenheit beruht auf der Zusammenfügung und
gleichzeitigen Verdichtung des Wissens aus unterschiedlichen Quellen. Sie ist eine Fusion von
zeichnerischen Planunterlagen, zeitgenössischen
Fotografien und Darstellungen sowie schriftlichen Zeugnissen. Aus zahlreichen Quellen wird
ein zusammenfassendes Ganzes, das den
sich zum Teil widersprechenden Aussagen Rechnung
tragen muss. Dort wo die Widersprüche zu
gravierend sind oder wo sich große Lücken auftun,
bleiben demjenigen, der eine Rekonstruktion
vornimmt, zwei Möglichkeiten. Er findet sich – wohl
oder übel – mit diesem Defizit ab, oder er
bedient sich weiterer Methoden, um das Bauwerk
zu rekonstruieren: Er setzt sich mit dem Zeitgeist,
aus dem heraus die Architektur entstanden ist, der
Denkweise des Architekten, den zeitgleichen
Bauten und den bekannten Bauregeln der Zeit auseinander. Eine solche Vorgehensweise mag
umstritten sein und in seltenen Fällen als unwissen-
schaftlich abgetan werden, weil sie womöglich
ein falsches Bild von der Vergangenheit vermitteln
könnte. Im Falle der Rekonstruktion der in der

Reichspogromnacht zerstörten Synagogen ist die
Einbeziehung solcher Methoden jedoch
erforderlich, da es ohne ihre Hilfe überhaupt nicht
möglich wäre, sich ein Bild der verloren
gegangenen Architektur deutscher Monumentalsynagogen zu machen.

Vor der Umsetzung der Rekonstruktion im Rechner
war es für die 35 Teilnehmer des zweisemes-
trigen CAD-Seminars Pflicht, das Kunstgeschichteseminar von Professor Wolfgang Liebenwein
an der Technischen Universität Darmstadt zu belegen.
Parallel zu der Auseinandersetzung mit der
Geschichte synagogaler Architektur sollten die Semi-
narteilnehmer die von ihnen zu rekonstru-
ierenden Synagogen anhand der Literatur und der
Recherche vor Ort darstellen. Diese Darstellung

Die folgenden Abbildungen stellen die
Synagoge Nürnberg (Hans-Sachs-Platz) dar.

linke Seite außen: Foto der Außenansicht der Synagoge
rechts: Detailfoto der Kuppel

rechts oben: Ansichtszeichnung der Kuppel
rechts unten: Grundriss Erdgeschoss

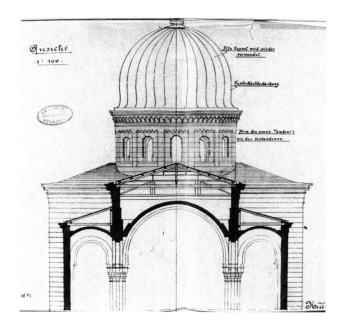

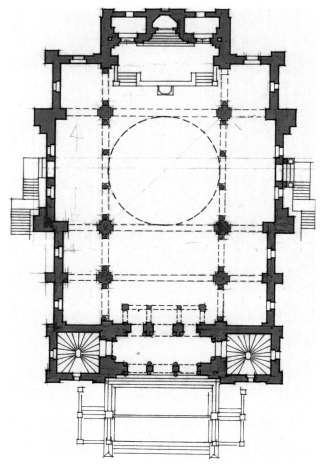

ging einher mit der ersten Kontaktaufnahme zu möglichen Zeitzeugen. Für uns alle, insbesondere
für die Studenten, war es überraschend, mit welch
offenen Armen sie bei ihren Recherchen vor
Ort in Archiven, jüdischen Gemeinden und von Zeitzeugen empfangen und bei der Arbeit unterstützt wurden.

Die im Kunstgeschichteseminar begonnene Recherche wurde im darauf folgenden Semester
weiter vertieft. In Zusammenarbeit mit den ent-
sprechenden Stadtämtern und jüdischen
Gemeinden wurden die Plan-, Bild- und Textdoku-
mente, die die zerstörten Synagogen heute noch
repräsentieren, gesichtet und gewertet. Nach der
Auswertung und Analyse der Grundlagen
erfolgt der erste Schritt im Rechner. Auf dieser Stufe
werden horizontale und vertikale Schnurgerüste
im Rechner erzeugt, die die Struktur des Gebäudes
widerspiegeln. Diese Schnurgerüste bilden zum
einen das maßgebliche Gerüst, stellen aber gleichzeitig die räumliche Orientierungshilfe für die
spätere Platzierung der Bauelemente sowie des Inte-
rieurs dar. Gleichzeitig entsteht hier das not-
wendige Gerüst für die Ablagestruktur der Einzel-
teile der virtuellen Synagoge.

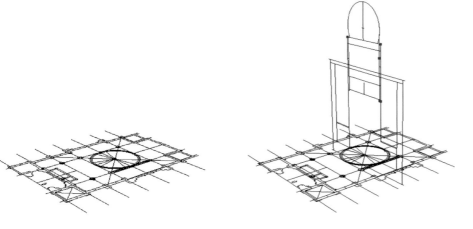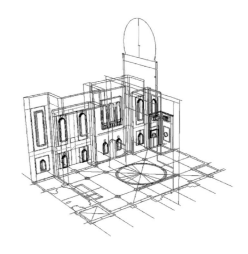

Der Bautechnik und der Baulogik folgend werden im nächsten Schritt die einzelnen Elemente analysiert und zunächst zweidimensional entwickelt. Dieser Schritt innerhalb des gesamten Prozesses ist zwar am Anfang notwendig, verliert jedoch im Laufe der Rekonstruktion an Bedeutung, da viele Bauteile mit zunehmender Kenntnis des Gebäudes direkt dreidimensional entwickelt werden können. Die Erstellung der so genannten Schnurgerüste und die zweidimensionale Bearbeitung sind vom Ablauf her nichts anderes als der virtuelle Nachvollzug der Durchplanung und der Grundlagen, die bei der Realisation eines Bauwerks in der Wirklichkeit erfolgen.

Parallel zu der Entwicklung in der Zweidimensionalität erfolgt die Modellierung der Bauelemente im dreidimensionalen Raum. Das CAD-Modell wird als 3D-Volumenmodell erzeugt. Diese Methode hat gegenüber einem so genannten Flächenmodell den Vorteil, dass jedes der einzelnen Elemente identifizierbar und lokalisierbar ist. Der weitere Vorteil liegt darin, dass sie bei mehrmaligem Vorkommen im Bauwerk, womit bei den Synagogen mit hoher Wahrscheinlichkeit zu rechnen ist, dupliziert werden können. Stellt sich im Laufe der Bearbeitung heraus, dass ein solches Bauelemente aufgrund neuer Erkenntnisse geändert werden muss, lässt es sich durch einfache Änderung der Namenskonvention austauschen. Da die Rekonstruktion von Synagogen zum Teil auf sehr rudimentären Grundlagen entsteht, sind solche Schritte später notwendig, da sich durch neue Informationen, zum Beispiel durch Zeitzeugenaussagen, Teile ändern können oder parallel eingesetzt werden müssen.

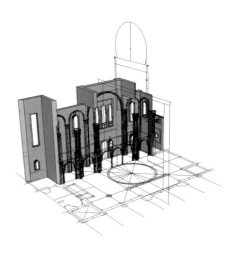
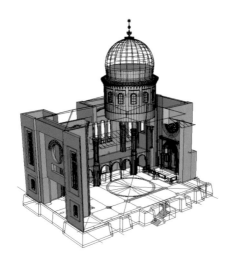
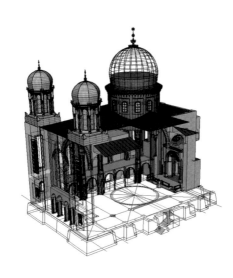

obere Reihe:
Grundriss im virtuellen 3D-Raum
Grundriss und Querschnitt im virtuellen 3D-Raum
Aufbau des virtuellen Modells: Nordwand als Drahtmodell
Nordwand als Flächenmodell
Zusammenfügung der einzelnen Bauelemente

rechts unten: fertig modelliertes Synagogenmodell

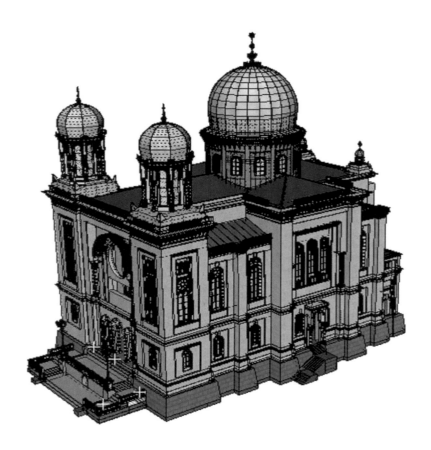

Nach Entwicklung der Elemente erfolgt nun das Zu-
sammenbauen der einzelnen Körper zu Bau-
teilen, die ein logisches Ganzes bilden. Nimmt man
eine Säule des Hauptschiffes, so besteht dieses
Bauteil aus Basis, Schaft und Kapitell. Diese wird als
Ganzes abgelegt und kann bei Bedarf mehrfach
dupliziert werden, muss also nicht wie in Wirklichkeit
zehnmal, sondern nur einmal hergestellt werden.

In der Logik des Aufbaus der virtuellen Synagoge
erfolgt jetzt der Zusammenbau verschiedener
Bauteile zu Bauteilgruppen. Auch diese werden, sollten sie mehrfach vorkommen, abgelegt und
wieder verwendet. Wie in allen vorhergehenden
Schritten werden auch diese Gruppen im
zentralen Schnurgerüst platziert. Die Bauteilgruppen
werden im vorletzten Schritt der geometrischen
Bearbeitung zu Bauabschnitten zusammengefasst
und in das Gesamtmodell eingefügt. Jetzt
erlaubt es die Technik, den geometrischen Raum,
das heißt das Bauwerk, aus allen nur denkbaren
Perspektiven von innen und außen zu betrachten.
Durch die konsequente Bearbeitung jedes
einzelnen Elements in der dritten Dimension ist
somit die Gesamtstruktur des Bauwerks, die
Seele der Architektur, sichtbar.

   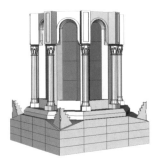

Manfred Koob

linke Seite oben: Blick auf den Turmaufsatz der Nürnberger Synagoge
untere Reihe: Modellierungsschritte Turmaufsatz

rechts: fertiges Modell des Turmaufsatzes

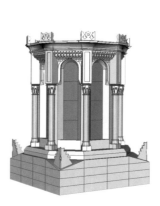
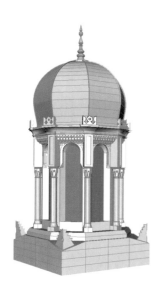

oben links: Grundlagenfoto für die Herstellung von Texturen

oben rechts: Detailausschnitt für die Herstellung der Arkadentexturen

unten: Auf Grundlage der Fotografie gezeichnete Vorlage für die Arkadentextur

rechte Seite, obere Reihe:
Arkade ohne Textur
Arkade mit Projektion der gezeichneten Textur
texturierte Arkade
rechts unten: Blick auf die Arkade

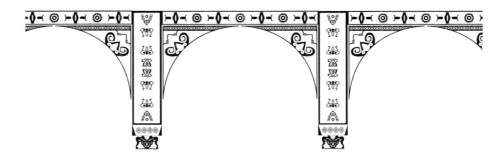

In allen Modellierungsschritten, vom Bauabschnitt bis hin zum Einzelelement, ist der einzelne Körper sowohl als Körper als auch in seinen einzelnen umhüllenden Flächen identifizierbar. Diese Identifikation lässt es zu, dem Körper Material zuzuweisen. Die Materialität ist nach Zuweisung in zweifacher Hinsicht vorhanden. Zum einen als nicht sichtbare Information, zum Beispiel darüber, dass mit dem Bauteil das Material Sandstein verknüpft ist, zum anderen in der Erscheinungsgestalt seiner Oberfläche mit der Farbe Rot und der Struktur der Steinbearbeitung. Für die Darstellung dieser Oberflächen stehen zwei Möglichkeiten zur Verfügung: das Texturieren von Material und das Generieren von Material. Beide Möglichkeiten sollen hier in der gebotenen Kürze dargestellt werden.

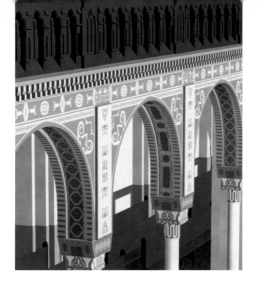

Manfred Koob 38 | 39

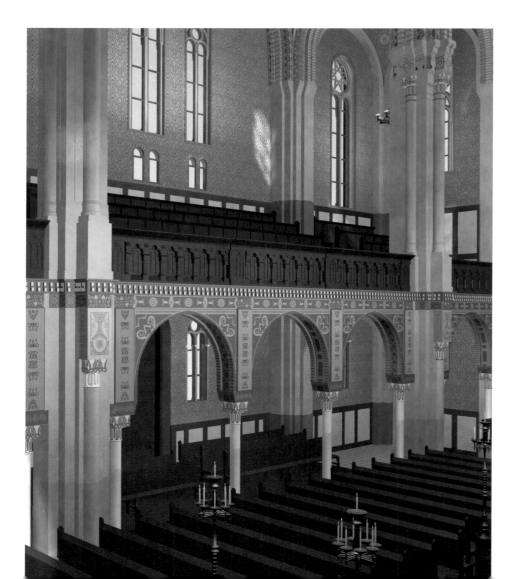

Texturiert wurde überall dort, wo die Oberfläche eine unverwechselbare Einmaligkeit besitzt, etwa bei Wandmalereien. Generiertes Material wurde überall dort, wo Material wiederholt auftaucht, wie zum Beispiel bei Steinen, verwendet. Wollte man hier texturieren, wäre eine fotografische Aufnahme von jedem nicht mehr existierenden Stein notwendig. Würde man die Steine immer wieder mit der gleichen Zeichnung oder Fotografie belegen, entstünde eine unnatürliche stereotype Wiederholung. Mit der Möglichkeit des generierten Materials wird dieser Effekt vermieden, weil die verwendeten Programme zwar in sich selbst ähnliche Oberflächen erzeugen, aber jeder Stein sich vom anderen unterscheidet.

linke Reihe:
Tambour ohne Materialzuweisung
Auf den Tambour projiziertes Fugenbild
Tambour mit endgültiger Oberflächenbeschaffenheit

oben: Blick auf Tambour und Kuppel

Den Schlüssel zur Visualisierung bildet das Licht. Im Rechner ist es möglich, durch Lichtführung im Zusammenspiel mit Geometrie und Oberflächenqualitäten Atmosphäre zu erzeugen. Der Vorgang ist sehr komplex und bedarf großer Erfahrung, da zum einen die meisten Programme nicht alle physikalischen Grundlagen der Wechselwirkung von Licht und Material beinhalten, zum anderen die technischen Parameter der Originalbeleuchtung bis hin zum natürlichen Licht nicht bekannt sind.

Wollte man also analog zu der Geometrie und den Oberflächen einen Deckungsgrad mit der Realität von 100 Prozent erreichen, müssten die technischen Parameter der Beleuchtung der zerstörten Synagogen zugänglich sein. Da dies nicht der Fall ist, stellen die Bilder in ihrer Lichtwirkung die Atmosphäre dar, nicht die Simulation der Realität.

Nach Modellierung der Geometrie, der Zuweisung der Materialien und der Erstellung eines Lichtszenarios werden jetzt die Standbilder berechnet. Die virtuelle Kamera verfügt über alle Freiheitsgrade in Raum und Objekt. Der virtuelle Fotograf kann sich an jede beliebige Stelle innen wie außen begeben und die Synagoge von jedem Blickwinkel aus virtuell fotografieren.

obere Reihe:
Standard-Lichteinstellung während des Arbeitsprozesses
Standard-Lichteinstellung während des Arbeitsprozesses mit
vereinfachter Texturdarstellung
Individuelle Lichteinstellung mit mehreren Lichtquellen und
vereinfachter Texturdarstellung ohne Schattenwurf

unten: Individuelle Lichteinstellung mit mehreren Lichtquellen,
endgültiger Texturdarstellung und Schattenwurf – endgültige
Lichtatmosphäre

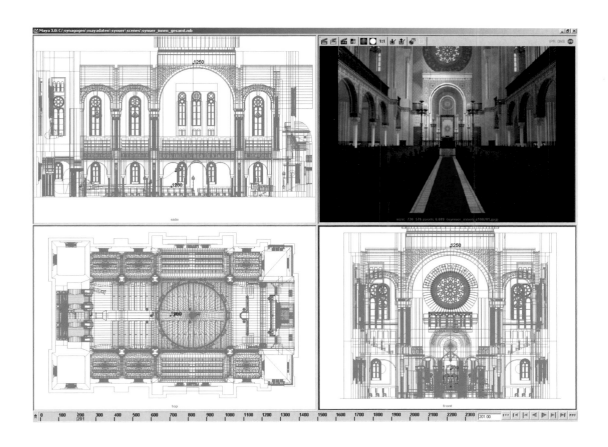

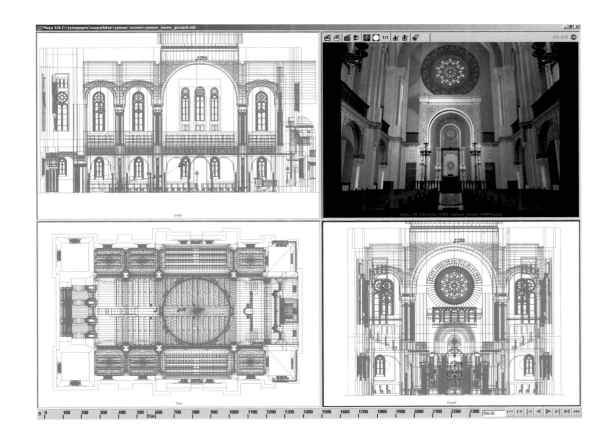

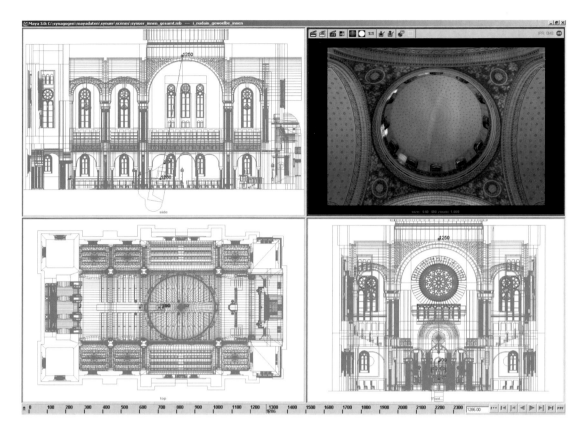

linke und rechte Seite:
Vorgehensweise zur Erstellung von Kamerafahrten

nächste Seite: Blick von der Westempore

Die virtuelle Fotografie entspricht in ihrer Darstellung
als zweidimensionales Abbild einer herkömm-
lichen Fotografie, wie wir sie kennen. Ein Film wird im
Rechner ähnlich erzeugt wie in der Wirklichkeit,
indem eine Abfolge von 25 Standbildern, abgespielt
im Zeitraum einer Sekunde, die Illusion einer
Bewegung erzeugt. Für einen Film von einer Minute
bedeutet dies 1500 Perspektiven. Vorab sind
im Projekt 45 Minuten Film geplant, was der Anzahl
von 67500 Perspektiven entspricht. Die
Erstellung der einzelnen Szenen kann man sich wie
folgt vorstellen: Der erste ebenso wie der
letzte Blickpunkt der Kamerafahrt werden festgelegt.
Zwischen den beiden Blickpunkten bewegt
sich auf einer ebenfalls festgelegten Linie die virtuelle
Kamera. In der so entstehenden Kamerafahrt
sind die Möglichkeiten zur Änderung der Fahrtge-
schwindigkeit ebenso vorhanden wie die
Drehung der Kamera selbst und die Veränderung
der Brennweite. Die virtuelle Kamera im
virtuellen Modell kann Kamerafahrten und Blickwinkel aufnehmen, die in der Realität nur mit
größtem technischem Aufwand beziehungsweise
überhaupt nicht möglich sind.

Die Frage, die uns während des gesamten Projekts von nunmehr acht Jahren beschäftigte, war, was mit den Rekonstruktionen und den damit verbundenen Ergebnissen passieren soll. Die Reaktionen auf die Darstellung der Arbeiten im Internet und die messbare Anzahl von virtuellen Besuchern zeigt, dass hier ein Ort der Dokumentation entstanden ist, der von vielen angenommen wird. Immer mehr Menschen, insbesondere Jugendliche, beziehen ihr Wissen aus dem weltweiten Netzwerk. Die Darstellung der Geschichte muss in diesem Informationsmedium existent sein. Die sich im Netzwerk aufbauende parallele Wirklichkeit stellt sich derzeit als zeitloses Gebilde dar, hektisch getrieben von immer Neuem, das neugierig machen soll auf das gerade Aktuelle. Die Darstellung der Vergangenheit, auch des Gedenkens und Mahnens, ist Neuland. In diesem Neuland könnte das Projekt einen Maßstab setzen, wie Geschichte zusätzlich zu den bisherigen Möglichkeiten zukunftsorientiert aufgearbeitet und dargestellt werden kann.

Köln

Dortmund

Hannover

Berlin

Leipzig

Plauen

Dresden

Kaiserslautern

Mannheim

Frankfurt / Main

Nürnberg

München

REKONSTRUKTIONEN

Nürnberg

Nürnberg

Hans-Sachs-Platz, 1874 – 10. August 1938

Die vom Architekten Adolf Wolff entworfene Nürnberger Synagoge wurde 1869 bis 1874 im maurischen Stil errichtet. Der längs gerichtete Sakralbau mit eingeschobenem Querhaus im östlichen Drittel und hoher Tombourkuppel über der Vierung hatte insgesamt 935 Sitzplätze. Das Innere der Synagoge gliederte sich mit der Vorhalle, dem Betraum und der Estrade mit Vorbeterpult und Schrein in drei Bereiche. Der Betraum war durch maurische Rundbogenarkaden in drei Schiffe unterteilt und in orientalischer Ornamentik ausgemalt.

Die 1862 gegründete jüdische Kultusgemeinde Nürnbergs hatte zur Zeit des Baubeginns der Synagoge etwa 2000 Mitglieder, die überwiegend der liberalen Glaubensrichtung angehörten. Bis zum Jahre 1932 wuchs die jüdische Bevölkerung auf etwa 9500 an, das prozentuale Verhältnis zur Gesamtbevölkerung der Stadt blieb aber mit 2,5 Prozent verhältnismäßig gering. Die Entwicklung der Gemeinde nahm mit der Machtübernahme der Nationalsozialisten ein jähes Ende. Nürnberg, die Stadt der Reichsparteitage, gehörte zu den Städten, in denen die Zerstörung von Synagogen bereits vor dem 9. November 1938 veranlasst wurde. Gauleiter Julius Streicher gab am 10. August 1938 anlässlich einer großen Kundgebung auf dem Hans-Sachs-Platz den Befehl zum Abbruch der Synagoge. Im Herbst 1941 gab es nur noch schätzungsweise 1800 Juden in Nürnberg, da viele aufgrund der antisemitischen Maßnahmen der neuen Machthaber ins Ausland emigriert waren. Zwischen 1942 und 1945 wurden insgesamt 1650 Juden aus Nürnberg deportiert, die bis auf 72 Personen in den Konzentrationslagern umgekommen sind. Während nach 1945 nur eine Hand voll jüdischer Bürger in Nürnberg lebte, zählt die Gemeinde heute durch die vor rund zehn Jahren begonnene Zuwanderung von Juden aus der ehemaligen Sowjetunion wieder etwa 850 Mitglieder. An der Stelle der damaligen Synagoge steht seit 1971 ein von der Stadt errichteter Gedenkstein.

Florian Guntrum   Corinna Igel   Markus Knapp   Stephanie Wolf   Nürnberg

linke Seite oben: Turmaufsatz der Westfassade
unten: Blick von Südwesten

oben: Gesamtansicht der Synagoge

linke Seite: Blick vom Eingang zum Aron ha-Kodesch

links: Blick aus der Kuppel
rechts: Blick von der Frauenempore

linke Seite oben: Blick aus dem Seitenschiff
unten: Blick von der Westempore

oben: Detailblick auf den Aron ha-Kodesch

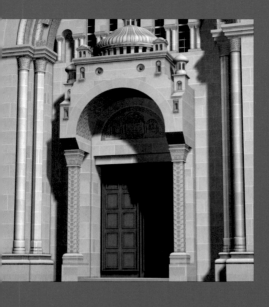

Berlin

Berlin

Fasanenstraße, 1912 – 9. November 1938

Im Rahmen eines Wettbewerbs, der im Jahre 1907 für den Bau einer neuen Synagoge in der Fasanenstraße in Charlottenburg ausgeschrieben wurde, entschloss sich das Preisgericht für den Entwurf des Architekten Ehrenfried Hessel. Dieser Entwurf setzte sich deutlich von zuvor errichteten Synagogen und ihrer Rezeption eines national interpretierten Mittelalters ab. Das Gebäude wurde zwischen 1910 und 1912 in romanischem Stil errichtet. Es verzichtete jedoch auf plastisch durchgebildete Architekturteile der deutschen Romanik und integrierte stattdessen Formen orientalischer Ornamentik. Charakteristisch für die Hauptfassade war die Ausstattung der Portale mit ornamentierten Archivolten, reliefbetonten Bogenfeldern sowie Eingangsbaldachinen in der Mitte. Diese architektonische Neuorientierung steht auch im Zusammenhang mit einer neuen Konzentration auf die innerjüdische Tradition um die Jahrhundertwende. Das Hauptgebäude bot insgesamt 1964 Personen Platz. Der Seitenflügel beherbergte eine Religionsschule sowie Gemeinderäume.

Während der Reichspogromnacht am 9. November 1938 wurde die Synagoge schwer beschädigt und in den folgenden Kriegsjahren noch weiter zerstört. Die zwölf Synagogen der Berliner Einheitsgemeinde zählten 1933 rund 175 000 Mitglieder, 1945 rund 2 000. In den letzten Jahren stieg ihre Zahl wieder, unter anderem durch Einwanderer aus der ehemaligen Sowjetunion, auf etwa 12 000. 1959 wurde an der Stelle der alten Synagoge das Gemeindehaus gebaut, wo sich unter anderem die Gemeindebibliothek, ein koscheres Restaurant und ein Internetcafé befinden. Der Eingangsbereich des neu entstandenen Gemeindehauses integriert das historische Vorportal der Synagoge. Auch eine Dauerausstellung im Foyer versucht die Erinnerung an die zerstörte Synagoge festzuhalten.

linke Seite: Gesamtansicht der Synagoge

oben: Blick auf Haupteingang

vorherige Seite: Blick von der Westempore

links: Blick aus dem Seitenschiff
rechts: Blick aus der Apsis zur Westempore

oben: Blick auf Aron ha-Kodesch
untere Reihe:
Auf der Westempore
Blick auf West- und Nordempore
Blick in die Kuppel

Köln

Köln

Glockengasse, 1861 – 10. November 1938

Das Wachstum der Kölner jüdischen Gemeinde auf etwa 1300 Mitglieder bis Mitte des 19. Jahrhunderts machte einen Synagogenneubau erforderlich. Die Errichtung der »Großen Synagoge Glockengasse« wurde durch eine großzügige Schenkung des Bankherren Abraham Oppenheim ermöglicht.

Baumeister war der Geheime Baurat Ernst Friedrich Zwirner. Die Grundsteinlegung fand am 30. Juni 1857 statt, die feierliche Einweihung am 29. August 1861. Die Synagoge war im neo-islamischen Stil als überkuppelter Zentralbau geplant. Das kubusartige Äußere wurde dominiert durch das farbige Streifenmuster der Fassade, die minarettähnlichen Türmchen und die Zinnengesimse. Über dem Hauptraum erhob sich die vergoldete Kuppel. Der Innenraum beeindruckte durch seine reiche Farbigkeit. Er bot Platz für 226 Männer- und 140 Frauensitze. Die Bima befand sich gemäß der konservativen Ausrichtung der Gemeinde in der Mitte des Baus.

Die an drei Seiten eingezogenen, zweigeschossigen Emporen waren ganz aus Gusseisen konstruiert. Der Aron ha-Kodesch aus weißem Carrara-Marmor befand sich im Osten. Die Hauptsynagoge wurde bald nach ihrer Errichtung für die wachsende jüdische Gemeinde zu klein und man plante einen weiteren Bau. Aus städtebaulichen Gründen sollte der Vorbau einer Verbreiterung der Glockengasse weichen. Die jüdische Gemeinde selbst erwog bereits den Verkauf des Grundstücks. Zu einer Entscheidung kam es jedoch nicht mehr, da die Synagoge am 10. November 1938, der Reichspogromnacht, bis auf die Grundmauern zerstört wurde. 1943 ging das Grundstück in den Besitz der Stadt Köln über, die hier zwischen 1954 und 1957 die neue Oper errichtete. Heute erinnert eine Gedenktafel an das jüdische Gotteshaus, das ein künstlerisches Wahrzeichen der Stadt gewesen war.

linke Seite: Blick auf die Eingangsfront

rechts: Detail Eingangsfront

linke Seite: Blick zum Almemor und Aron ha-Kodesch

unten links: Blick aus dem nördlichen Seitenschiff
unten rechts: Blick von der Frauenempore im 2. Stock auf den Aron ha-Kodesch

von oben:
Blick aus dem 1. Stock der Frauenempore
auf die gegenüberliegenden Emporen
Blick auf den Almemor
Detail Pfeiler
Detail Frauenempore

rechte Seite: Blick in die Kuppel

Dortmund

Dortmund

Hiltropwall, 1900 – 3. Oktober 1938

Nach einem von der jüdischen Gemeinde Dortmunds ausgeschriebenen Wettbewerb wurde der Architekt Eduard Fürstenau mit dem Entwurf der neuen Synagoge am Hiltropwall beauftragt. Die Synagoge, die am 6. Juni 1900 eingeweiht wurde, kann nicht eindeutig einem bestimmten Baustil zugeordnet werden.

Es handelte sich um einen Massivwerksteinbau, in dem Stilelemente der Renaissance mit starken Anklängen an die Spätgotik, aber auch heimatlich-westfälische Architekturformen verwendet worden sind. Es darf angenommen werden, dass die jüdische Gemeinde Dortmunds sich mit der Wahl ihres Stils an der gegenüberliegenden Oberpostdirektion orientiert hatte, die spätgotische Elemente enthielt, wie sie im wilhelminischen Deutschland oft gewählt wurden. Die Synagoge stand frei auf einem Eckgrundstück im Zentrum der Stadt. Ihr Grundriss basierte auf einem Quadrat, an dessen Diagonalen sich vier Ecktürme befanden und über dessen Mitte sich eine Kuppel erhob. Das Innere der Synagoge wurde durch vier Säulen bestimmt, die dem 22 Meter hohen Innenraum eine große Leichtigkeit und Transparenz verliehen. Die Dortmunder Synagoge bot 750 Sitzplätze für Männer im Erdgeschoss und 450 für Frauen sowie 70 für den Chor auf den Emporen. Auf Druck der NSDAP musste die jüdische Gemeinde im September 1938 Synagoge und Grundstück an die Stadt abtreten. Kurze Zeit später erfolgten die Abbrucharbeiten. Am 19. Oktober begann man mit der Sprengung des Hauptgebäudes und nach mehreren Teilsprengungen war der Abriss am 30. Dezember 1938 beendet. Während die jüdische Gemeinde Dortmunds 1933 etwa 4 200 Mitglieder zählte, war ihre Mitgliedszahl im August 1945 auf 40 bis 50 gesunken. 1997 gehörten ihr wieder 2 720 Mitglieder an.

Auf dem Grundstück der ehemaligen Synagoge befinden sich heute das Stadttheater und der Theatervorplatz. Eine Bronzetafel und ein Gedenkstein erinnern an die Ereignisse der NS-Zeit.

linke Seite: Blick auf Westfassade und Kuppel

unten: Gesamtansicht der Synagoge

linke Seite oben: Blick auf die Westempore
unten: Blick vom Eingang zum Aron ha-Kodesch

oben: Blick in die Kuppel

oben: Blick von der Westempore

rechte Seite oben: Blick aus der Kuppel
unten: Blick von der südlichen Frauenempore auf Almemor und Aron ha-Kodesch

Dresden

Dresden

Zeughausstraße, 1840 – 9./10. November 1938

1838 erlangten die 682 Mitglieder der bis dahin in vier Privatsynagogen zersplitterten jüdischen Gemeinde in Dresden das Recht, ein gemeinsames Bethaus zu errichten. Nach langen Verhandlungen mit der Regierung um den Bauplatz beschloss die Gemeinde den Ankauf des Grundstücks am Gondelhafen an der Elbe im Nordosten der Altstadt. Ihr war es nicht gelungen, ihrem Repräsentationsanspruch durch die Standortwahl gerecht zu werden. Sie konnte jedoch einen führenden deutschen Architekten, Gottfried Semper, Professor für Baukunst an der Königlichen Kunstakademie Dresden, für den Bau der Synagoge gewinnen. Am 8. Mai 1840 wurde der vergleichsweise einfache und klare Zentralbau mit überhöhtem Oktogon und turmbestandener Vorhalle im Westen eingeweiht. Er wies im Äußeren stilistische Bezüge zur Romanik auf, während er innen dem maurischen Stil entsprach. Der quadratische Innenraum mit doppelgeschossigen Emporen bot Sitzplätze für 300 männliche und 200 weibliche Besucher, darüber hinaus gab es 500 Stehplätze. Vorbeterpult und Toraschrein befanden sich um einige Stufen erhöht im Osten der Synagoge.

In der Nacht vom 9. auf den 10. November 1938 begann mit der Kundgebung auf dem Rathausplatz der offene antijüdische Terror. Es folgte die erste Deportation von 151 vorwiegend wohlhabenden und bekannten jüdischen Bürgern Dresdens in das Konzentrationslager Buchenwald. In dieser Nacht wurde die Synagoge in Brand gesetzt. Für die anfallenden Abriss- und Aufräumarbeiten musste die Gemeinde selbst aufkommen. Vor der letzten geplanten, aber nicht mehr durchgeführten Deportation im Februar 1945 lebten noch 174 jüdische Bürger in Dresden.

An die Synagoge erinnert seit 1973 ein Gedenkstein von Friedmann Döhner. Dieser ist jedoch aufgrund der heute völlig anderen städtischen Situation nicht auf dem ehemaligen Standort der Synagoge zu finden.

Reihe unten:
Blick auf die Kuppel
Blick auf die Eingangstürme
Detail Eingangsturm

rechte Seite: Gesamtansicht der Synagoge

oben: Blick auf Eingang und Nordwand

rechte Seite links: Blick aus dem Seitenschiff
rechts: Blick vom Eingang auf den Aron ha-Kodesch

Frankfurt / Main

Frankfurt / Main

Judengasse, 1860 – 9./10. November 1938

Nachdem im 19. Jahrhundert der bauliche Zustand der alten Hauptsynagoge in der Judengasse sich immer mehr verschlechtert hatte, und die beengten Räumlichkeiten dort nicht mehr den Anforderungen entsprachen, wurde die Planung eines Neubaus ins Auge gefasst.

Am 18. Juni 1855 fand die Grundsteinlegung der vom Architekten Johann Georg Kayser entworfenen Synagoge statt. Die feierliche Einweihung erfolgte am 23. März 1860. Das Gebäude besaß 594 Sitzplätze für Männer im Erdgeschoss und 506 Sitzplätze für Frauen auf Emporen in den beiden Obergeschossen.

Die in rotem Mainsandstein erbaute Hauptsynagoge ist durch eine Mischung aus orientalischen und gotischen Stilelementen geprägt und spiegelt das neue Selbstbewusstsein der jüdischen Gemeinde wieder. Die Elemente, die dem Bau eine orientalische Wirkung verleihen, wurden wahrscheinlich vom Architekten im Hinblick auf die historische Herkunft der jüdischen Religion gewählt.

Dagegen sollten die gotischen Elemente die Verbundenheit mit der Deutschen Nation wiedergeben. Der Innenraum wird stark durch das orientalische Motiv des Hufeisenbogens geprägt. Im Grundriss spiegelt sich die Reformorientierung der Gemeindemehrheit wider. So befindet sich der Almemor, an dem die Torarolle verlesen wird, nicht, wie traditionell, in der Mitte der Synagoge, sondern gegenüber dem Haupteingang vor dem Toraschrein, analog zur Position des Altars im Kirchenbau. Die Anlehnung an christliche Sakralarchitektur wird auch durch eine in der Nähe der Heiligen Lade befindlichen Kanzel und einer auf der Chorempore befindlichen Orgel verstärkt. An dem Standort der früheren Synagoge befindet sich heute ein Neubau, in dem eine städtische Behörde untergebracht ist.

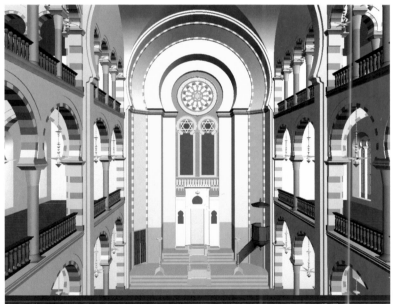

linke Seite von oben:
Hufeisenbogen
Blick von der Westempore
Blick ins Hauptgewölbe

oben: Leuchter

Frankfurt/Main

Frankfurt / Main

Börneplatz, 1882 – 9./10. November 1938

Die Börneplatzsynagoge wurde 1881/82 am Juden-
markt, dem späteren Börneplatz, in direkter
Nachbarschaft des alten Jüdischen Friedhofs errichtet.
Das äußere Erscheinungsbild der Synagoge
wurde einerseits durch die Gestaltung der Fassaden
mit Stilelementen der italienischen Renaissance,
und andererseits durch die rote Farbe des Mainsand-
steins bestimmt.

Das Gebäude erinnert an zeitgenössische Profanbauten wie Banken, Wohnhäuser oder Villen,
was sich unter anderem in dem zu dieser Zeit be-
liebten Eckmotiv des Treppenturms ausdrückt.
Dieser Gebäudetyp wurde gewählt, um Anklänge
an christliche Sakralarchitektur zu vermeiden.
Im Inneren entsprach ein Zentralraum dem Gottesdienst nach orthodoxem Ritus. Sein Charakter
wurde allerdings zugunsten einer »machtvollen Ausbildung der Thoraschrein-Apsis« verändert.
Die überlieferten Innenraumfotos zeigen nur die
Perspektive vom Haupteingang auf die Apsis.
Am 10. November 1938 zerstörten die Nationalsozialisten die Börneplatzsynagoge. Das Gotteshaus wurde in Brand gesetzt und in den Monaten
danach auf Kosten der jüdischen Gemeinde
abgetragen.

In der Nachkriegszeit wurde das Grundstück der
ehemaligen Synagoge durch eine Tankstelle
und die Blumengroßmarkthalle überbaut. 1987 legte
man Teile der Grundmauern der Synagoge
sowie des ehemaligen Ghettos bei Ausschachtungs-
arbeiten für ein städtisches Verwaltungsgebäude
frei. Trotz Protesten wurde das Gebäude gebaut. Die
Grundmauern von fünf Häusern wurden in einem
kleinen Museum in den Neubau integriert. Die Um-
risse der Synagoge sind heute im Bodenbelag
des Neuen Börneplatzes nachgezeichnet. Dort befindet sich seit 1996 auch eine Gedenkstätte für
die ermordeten Frankfurter Juden.

Joachim Merk   Patricia Sauerwein

oben: Almemor mit Blick auf Aron ha-Kodesch

rechte Seite von oben:
Blick von der Frauenempore
Blick aus der Apsis
Blick in das Gewölbe der Apsis

Frankfurt / Main

Peter Gallenz Nadine Paraton

Frankfurt / Main

Friedberger Anlage, 1907 – 9./10. November 1938

Die Synagoge an der Friedberger Anlage wurde 1907 erbaut. Sie war die größte Synagoge in Frankfurt und folgte der ersten orthodoxen Synagoge, deren Mitglieder 1876 eine eigene Gemeinde gegründet hatten. Ein starkes Anwachsen dieser Gemeinde um die Jahrhundertwende hatte zur Folge, dass eine größere Synagoge benötigt wurde. Sie sollte Sitzplätze für mindestens 1000 Männer, 600 Frauen und 60 Chormitglieder aufweisen. Weitere wichtige Vorgaben zur Gestaltung dieses streng orthodoxen Gotteshauses waren getrennte Eingänge für Männer und Frauen, eine Frauenempore, ein um drei Stufen abgesenkter Synagogeninnenraum, die zentrale Anordnung des Almemors und die Anordnung der Fenster über Kopfhöhe, um die Betenden nicht abzulenken.

Der Baustil lehnte sich an den zeitgenössischen Jugendstil an, besonders sichtbar an der Westfassade und den Seitentürmen, und griff nur wenig auf historische (romanisierende) Stilformen zurück. Der Vorgabe entsprechend wurde auf »fremdländische Formen« und »auffällige Architekturelemente« verzichtet. Der Innenraum war durch das Tonnengewölbe geprägt. Laut Augenzeugen erzeugten die gedämpfte Farbigkeit, die geschickte Lichtführung sowie die zurückhaltende Ornamentik eine angemessene Atmosphäre.

In der Pogromnacht vom 9. auf den 10. November 1938 wird auch die Synagoge an der Friedberger Anlage zerstört. Mit dem vollständigen Abriss des Gotteshauses wird schon am 17. November 1938 begonnen. 1943 wird auf dem ehemaligen Grundstück der Synagoge Friedberger Anlage ein Luftschutzbunker errichtet. Vor dem Bunker befindet sich heute eine kleine Gedenkstätte.

Von den vier großen Frankfurter Synagogen wurden die hier gezeigten drei Gebäude in Folge der Reichspogromnacht restlos zerstört. Über 30 000 Juden lebten vor 1933 in Frankfurt, 20 000 konnten rechtzeitig aus Deutschland fliehen, mehr als 11 000 wurden von der Nationalsozialisten ermordet. Nach dem Krieg gründete sich eine jüdische Gemeinde neu und zählt wieder zu den größten Deutschlands.

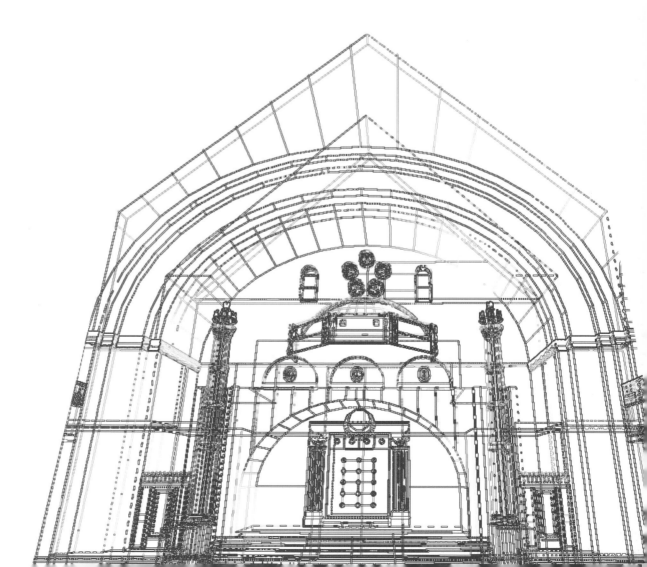

linke Seite: Blick von der Frauenempore

untere Reihe von links:
Blick vom Eingang zum Aron ha-Kodesch
Blick aus dem Seitenschiff
Blick auf die Frauenempore

Hannover

Hannover

Bergstraße, 1870 – 9. November 1938

Die 1100 Mitglieder zählende jüdische Gemeinde Hannover beauftragte 1862 den jüdischen Architekten Edwin Oppler mit der Planung einer neuen Synagoge. Im Unterschied zu den meisten anderen Synagogen – der gesellschaftliche Druck und eigene Bedenken verhinderten meist eine Entscheidung zugunsten einer herausragenden städtebaulichen Lage – entstand Opplers riesiger Kuppelbau 1864 bis 1870 mit 1100 Sitzplätzen auf einer Grundfläche von 850 Quadratmetern freistehend auf einem Platz mit vier Schaufassaden. Oppler entschied sich für eine neo-romanische Gestaltung: »Der romanische Styl ist durch und durch deutsch, denn das Bauwerk, will es Anspruch auf ein monumentales machen, muss vor allem national sein.« (Studien vom 5. August 1863). Der Grundriss des Hauptraums in Form eines überkuppelten Quadrats mit dem Almemor unterhalb der Kuppel betonte den zentralisierenden Charakter der jüdischen Religion.

Dennoch erhielt der Raum eine eindeutige Orientierung von West nach Ost durch die längs gerichteten Frauenemporen mit 450 Plätzen und den Blick auf die prächtige Heilige Lade. Beherrscht wurde der Raum durch die mächtige Vierungskuppel. Der Innenraum war ornamental ausgestaltet. Die Synagoge wurde am 15. September 1870 mit einem Gottesdienst eingeweiht und diente fast sieben Jahrzehnte als Gotteshaus, bis sie am 9. November 1938 zerstört wurde. Die Mitgliederzahl der Gemeinde sank von 4839 (1933) auf nur 285 Mitglieder (1944). Heute erinnert eine Gedenktafel an das Geschehene mit den Worten: »Ungestillt rinnt die Träne um die Erschlagenen unseres Volkes. Jer. 8.23.« In den sechziger Jahren baute die 434 Mitglieder zählende jüdische Nachkriegsgemeinde in der Haeckelstraße eine neue Synagoge.

linke Seite: Eingangsfront mit Rosette

rechts oben: Gesamtansicht der Synagoge
rechts unten: Detail der Südfassade

oben: Blick auf Aron ha-Kodesch

rechte Seite: Blick auf Frauenempore

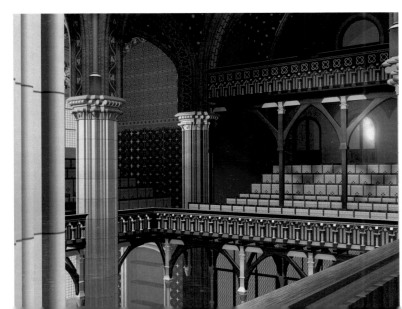

linke Seite von oben:
Blick aus dem nördlichen Seitenschiff auf den Almemor
Blick auf Almemor und Aron ha-Kodesch
Blick von der nördlichen Frauenempore auf die Westempore

oben: Blick in die Kuppel

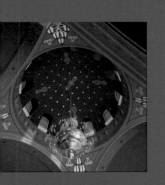

Kaiserslautern

Kaiserslautern

Luisenstraße, 1886 – 31. August 1938

Das am 26. Februar 1886 eingeweihte Gotteshaus galt 52 Jahre lang als die bedeutendste pfälzische Synagoge. Der jüdische Architekt Ludwig Levy entwarf das selbstbewusste Bauwerk, das durch die zentrale Lage und die Ausbildung als Zentralbau das Stadtbild Kaiserslauterns seinerzeit entscheidend prägte.

Der Stil dieser Synagoge ist maurisch-byzantinisch. Hauptmerkmal war die Kuppel, die mit den vier kleineren Kuppeln der Ecktürme den Zentralbaucharakter unterstrich. Der Innenraum war durch seine Dreischiffigkeit gegliedert. Auf der Westseite erhob sich die Orgelempore mit der Sängerbühne, im Osten schloss der Chor mit dem Allerheiligsten das Bauwerk ab. Zum Almemor führten vier Stufen. Von hier aus gelangte man über drei weitere Stufen in das Allerheiligste mit der Kanzel. Die Synagoge zählte 620 Sitzplätze, 420 für Männer und 200 für Frauen auf den Frauenemporen. Die Anzahl der Gemeindemitglieder wuchs bis 1933 bis auf 738 an. Im Jahre 1945 waren es weniger als 25.

Die Zerstörung der Synagoge erfolgte bereits vor der Reichspogromnacht. Im Juli 1938 erklärte man, dass die Synagoge nicht ins Stadtbild passe und dort ein Aufmarschplatz errichtet werden solle. Am 27. August 1938 fand der letzte Gottesdienst statt. Am 31. August 1938 wurde mit dem Abbruch begonnen. Zitat der NSZ-Rheinfront vom 29. August 1938: »Ein Stück Orient verschwindet. Wie eine Bombe hat die freudige Nachricht eingeschlagen …«. Auf dem ehemaligen Synagogenplatz fanden jedoch nie Aufmärsche statt. Während des Krieges wurde auf dem Grundstück vielmehr ein Luftschutzbunker errichtet.

Am 8. Oktober 1980 – 42 Jahre nach der Sprengung – wurde das Synagogengelände offiziell in Synagogenplatz umbenannt. Im Jahre 2003 wurde ein Teil des nördlichen Torbogens neu erstellt, der die Größe und Materialität der früheren Synagoge andeutet. Zusätzlich markieren Hecken den Grundriß des früheren Bauwerks.

links: Gesamtansicht der Synagoge
rechts: Blick von Südwesten auf die Kuppeln

rechte Seite: Straßenflucht zum Eingang der Synagoge

linke Seite: Blick von der Westempore auf Aron ha-Kodesch

rechts oben: Blick vom Almemor zur Orgel
rechts unten: Blick vom Eingang zum Aron ha-Kodesch

linke Seite: Blick aus der Kuppel

links: Blick auf Aron ha-Kodesch und Almemor
rechts unten: Blick auf das südliche Seitenschiff

Leipzig

Leipzig

Gottschedstraße / Ecke Zentralstraße
1855 – 9. / 10. November 1938

Auf dem Grundstück an der Ecke Zentralstraße / Gottschedstraße befindet sich eine Gedenkstätte, die den Grundriß nachzeichnet, und bei der bronzene Stühle an der Stelle der früheren Gebetsbänke an die fehlenden Menschen erinnern. Hier stand das einst größte jüdische Gotteshaus der Stadt, das hier am 10. September 1855 eingeweiht worden war. Für den Bau hatte die damals gerade aus 81 Mitgliedern bestehende liberale Gemeinde den Semper-Schüler Otto Simonson beauftragt. Leipzig als Messestadt zog viele Juden an, die aber aufgrund großer Differenzen in ihrer Kultausübung zunächst ihre eigenen Betlokale besaßen. Um diese zusammenzufassen, plante man eine »allgemeine Synagoge« für 2000 Personen, die mit mindestens 1200 Sitzplätzen ausgestattet sein sollte.

Otto Simonson wurde in seinem Entwurf bis auf die geringe ihm zur Verfügung stehende Bausumme und die spitzwinklige Lage des Grundstückes von keinerlei Vorgaben eingeschränkt. Letztere führte zu dem besonderen Grundriss des eigentlichen Synagogengebäudes ohne Anbau in Dreiecksform.

Grundlage der Konstruktion bildete das Allerheiligste, das sich geostet im spitzen Winkel der Straßenecke befand. Von diesem Punkt aus verlief eine Achse, die das Grundstück in zwei gleiche Teile gliederte, auf der Simonson die übrige, weitgehend symmetrische Konstruktion aufbaute. Um das Bauwerk gegenüber den benachbarten Gebäuden hervorzuheben, entschied er sich für den maurischen Stil. Dieser zeigte sich sowohl in den Hufeisenbögen der mächtigen Blendarkaden der Außenfassaden als auch in den korbbogenartigen Arkaden und dem wiederkehrenden Hufeisenbogenmotiv im Innenraum.

Bis zur Nacht des 9. Novembers 1938, in der das Bauwerk durch die Nationalsozialisten in Brand gesteckt wurde, diente das jüdische Gotteshaus der wachsenden Gemeinde, die 1925 über 13 000 Bürger jüdischer Religion in Leipzig und Umgebung umfasste. 1945 mussten sich weniger als 300 Juden eine neue Heimat aufbauen.

linke Seite: Gesamtansicht der Synagoge

rechts von oben:
Blick auf Eingangsfront
Blick auf die Nordfassade
Blick auf die Apsis

oben: Blick aus dem Gewölbe
unten: Blick aus dem Seitenschiff

rechte Seite: Blick vom Eingang auf Aron ha-Kodesch

Mannheim

Mannheim

F2,13, 1855 – 10. November 1938

Seit der Mitte des 17. Jahrhunderts gibt es eine jüdische Gemeinde in Mannheim. Ihre erste Synagoge, damals in der Wormser Gasse, befand sich auf dem Grundstück F2,13. Hier errichtete die Gemeinde nach Abriss des ersten jüdischen Gotteshauses der Stadt eine neue Synagoge. Sie entstand nach Plänen des Architekten Ludwig Lendorff. Nach vierjähriger Bauzeit wurde sie am 29. Juni 1855 eingeweiht. Sie stand jedoch nicht mehr wie die alte Synagoge versteckt im Hinterhofbereich, sondern hatte eine große imposante Straßenfassade, die die damaligen kleinen, ein- bis zweistöckigen Nachbargebäude hoch überragte.

Diese neue Mannheimer Hauptsynagoge war für den liberal reformierten Gottesdienst bestimmt. Die konservativ orthodox orientierten Gemeindemitglieder gingen in die so genannte Klaussynagoge, die sich in F1,11 befand. Entsprechend der liberalen Liturgie hatte die neue Synagoge auf der Westempore eine Orgel und im Osten, nahe bei der Heiligen Lade, erhob sich an der südlichen Seitenwand eine Predigerkanzel. Der Tisch zur Lesung der Tora stand nicht mehr wie üblich in der Mitte des Raumes auf einer Bühne, sondern war als altarähnliches Element vor der Heiligen Lade unmittelbar unter der Kanzel platziert. Dieser östliche Bereich erinnerte in seiner Ästhetik stark an den Chorraum einer Kirche. Lediglich die beiden Gesetzestafeln als Bekrönung des Toraschreins und die hebräischen Inschriften waren jüdische Elemente des Innenraumes. Auch in der äußeren Westfassade spiegelte sich die jüdische Assimilation des 19. Jahrhunderts. Die baulichen Elemente Rundbogenfenster, romanisches Eingangsportal, gotische Fensterrosette und kreuzförmige Zinnenkrappen waren sichtbare Reminiszenzen an die christliche Umwelt.

Am 10. November 1938 wurde die Hauptsynagoge durch die Nazis entweiht, verwüstet und weitgehend zerstört. Die Straßenfassade, die Umfassungsmauern und die Arkadenbögen der Seitenschiffe

überdauerten jedoch den Zweiten Weltkrieg. Diese beachtlichen baulichen Überreste wurden 1955/56 abgetragen und beseitigt. Damit verschwand, hundert Jahre nach ihrer feierlichen Weihe, die Mannheimer Hauptsynagoge endgültig aus dem Stadtbild. An ihrer Stelle wurde ein Wohnhaus mit einer Gaststätte errichtet. Eine kleine unscheinbare Gedenktafel im Eingangsbereich dieses Neubaus erinnert heute an das prächtige jüdische Gotteshaus, das hier einst stand.

Nach der Befreiung durch die Alliierten gründeten im Schutze der US-Army 1945 Überlebende der Shoa eine neue jüdische Gemeinde. Sie konnte 1946 im ehemaligen jüdischen Waisenhaus in R7,24 ein kleines Gemeindezentrum mit einem Gebetsraum einrichten. 1957 zog dann die Gemeinde in ein neu gebautes Zentrum mit einer kleinen Synagoge in die Maximilanstraße 6 um.

1987 kehrte die jüdische Gemeinde wieder an ihren alten angestammten Platz ins Zentrum der Stadt zurück. Hier in F3, am Rabbiner-Grünewald-Platz, konnte sie am 13. September ein neues großes Gemeindezentrum und eine wunderschöne Synagoge einweihen. Obwohl die Gemeinde zur Zeit nur etwas mehr als 600 Mitglieder hat und mit der Gemeinde vor der Nazizeit mit fast 7000 Mitgliedern nicht zu vergleichen ist, bietet sie ein reges kulturelles, gesellschaftliches und religiöses Leben, das allen Bürgerinnen und Bürgern der Stadt und des Landes offen steht. So lautet denn auch die hebräische Inschrift über einem der Eingangsportale: »Mein Haus wird ein Haus des Gebetes für alle Völker genannt werden!«

David Kessler, Jüdische Gemeinde Mannheim

unten: Blick auf die Eingangsfront

rechte Seite oben: Blick zur Rosette
unten: Blick auf die Südfassade

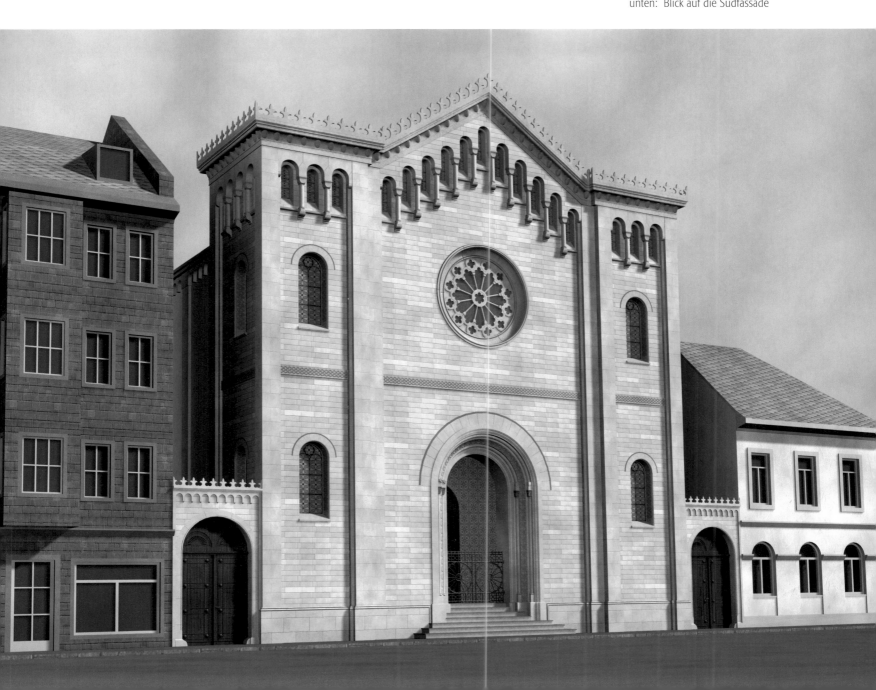

linke Seite von oben:
Blick von der Westempore zum Aron ha-Kodesch
Blick aus dem nördlichen Seitenschiff
Blick aus dem nördlichen Seitenschiff zum Eingang

links: Blick auf den Aron ha-Kodesch
rechts: Blick auf die Kanzel

nächste Seite: Blick vom Eingang zum Aron ha-Kodesch

München

München

Herzog-Max-Straße/Ecke Maxburgstraße
1887 – 9. Juni 1938

Die Hauptsynagoge in München (Herzog-Max-Straße/ Ecke Maxburgstraße) wurde in den Jahren 1884 bis 1887 von dem Architekten Albert Schmidt errichtet. Schmidt, der neben der Hauptsynagoge auch für die Architektur der St. Lukaskirche, der Deutschen Bank und des Löwenbräukellers verantwortlich zeichnete, entwarf einen dreischiffigen Hallenbau. Das Mittelschiff der Synagoge hatte mit einer Breite von 11,30 Metern und einer Höhe von 18 Metern imposante Ausmaße. Auch die äußere Erscheinung wurde durch verschiedene Erschließungstürme im Westen und Osten der Synagoge klar definiert. Als Baudekoration diente der charakteristische Einsatz der verschiedenen Materialien Backstein, Sandstein und Rauputz, sodass auf eine malerische Ausstattung verzichtet werden konnte. Insgesamt 1000 Männer- und 800 Frauensitze machten die Münchner Synagoge zu einer der bedeutendsten jüdischen Sakralbauwerke im deutschsprachigen Raum. Bis zu ihrer Zerstörung erfreute sie sich großer öffentlicher Akzeptanz und wurde als Bereicherung des Stadtbildes betrachtet.

Am 7. Juni 1938, fünf Monate vor der Reichspogromnacht, wurde der Abbruch der Synagoge aus »verkehrstechnischen Gründen« – die Order kam von Hitler persönlich – befohlen, und bereits einen Tag später wurde mit der Zerstörung begonnen, zynisch von der nationalsozialistischen Presse mit »Ein Schandfleck verschwindet« kommentiert. Die jüdische, mehrheitlich liberal orientierte Gemeinde, die 1910 aus rund 11 000 Mitgliedern bestand, war 1945 nicht mehr existent. Mit der jüngsten Zuwanderungswelle aus den Staaten der ehemaligen Sowjetunion ist die Gemeinde in den vergangenen Jahren wieder auf mehr als 7 000 Mitglieder angewachsen.

Heute zeugt auf dem nicht wieder bebauten Standplatz der Synagoge nur noch ein Gedenkstein von der unheilvollen Vergangenheit und dem einstigen Bauwerk.

oben: Details der Fronttürme
unten: Gesamtansicht der Synagoge

rechte Seite: Blick auf die Eingangsfront

linke Seite von oben:
Blick von der südlichen Frauenempore
Blick aus dem Seitenschiff
Blick auf den Aron ha-Kodesch

links: Blick zum Eingang
rechts: Blick von der Westempore zum Aron ha-Kodesch

nächste Seite: Blick von Westen in den Innenraum

Plauen

Plauen

Senefelder Straße / Ecke Engelstraße
1930 – 10. November 1938

Die 1930 von Fritz Landauer errichtete Synagoge wurde bereits acht Jahre später in der so genannten Reichskristallnacht zerstört. Sie stellt eine der wenigen Beisiele von Gemeindehaus mit integrierter Synagoge im Stil der Neuen Sachlichkeit dar. Der Bau, der als vorletzte größere Synagoge vor der Ernennung Hitlers zum Reichskanzler entstand, ist ein Bekenntnis des Architekten und der Auftraggeber zur modernen Architektur und damit ein Beweis für das Selbstbewusstsein dieser jüdischen Gemeinde. Das neue Zentrum hatte nicht nur für die etwa 800 aus der Stadt Plauen stammenden Mitglieder Bedeutung, sondern auch für die in den vogtländischen Städten lebenden Juden. Der Bau unterschied sich deutlich von dem bis dahin typischen Raumkonzept, das eine strenge Abgrenzung von Kult- und Gemeinderäumen vorsah.

Bei der Plauener Synagoge wurde diese Unterscheidung der Wertigkeit von außen nur durch den weiß verputzten Sakralraum, der auf einem Untergeschoss aus rotbraunen Klinkern ruhte, ausgedrückt. Der Grundriss zeigt einen Longitudinalraum, der der liberalen Auffassung der Gleichstellung von Gebet und Predigt Rechnung trägt. Der Kultraum selbst wirkte schlicht und doch feierlich, wobei durch die karge Innenraumgestaltung die Ausschmückung der Ostwand durch eine Sgraffitoarbeit noch hervorgehoben wurde. Diese in zurückhaltender Farbigkeit gehaltene Dekoration zeigte Symbole des jüdischen Glaubens.

Etwa die Hälfte der jüdischen Bevölkerung Plauens, besonders Jugendliche, konnte sich vor der nationalsozialistischen Verfolgung in Sicherheit bringen. Der Großteil der verbliebenen Juden war bis 1942 deportiert worden. Heute besteht keine jüdische Gemeinde mehr in Plauen.

Camillo Braun   Marcin Kaminski   Manfred Pawlowski   Olaf Reuffurth

oben: Blick auf die Süd- und Westfassade
Mitte: Blick von oben

rechte Seite: Blick auf die Nord- und Westfassade

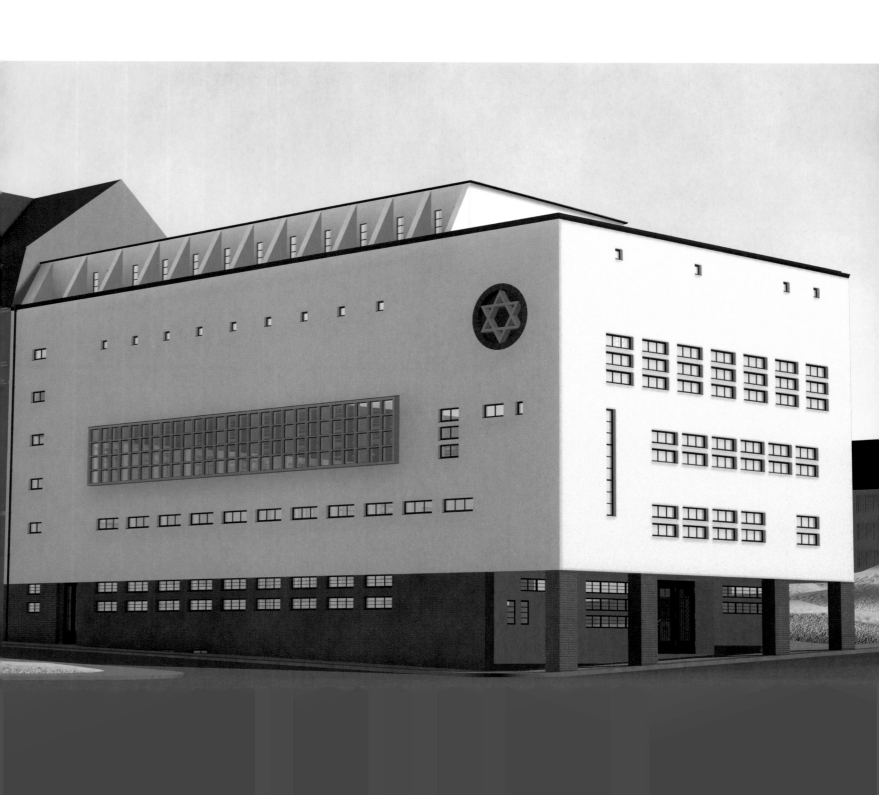

links von oben:
Blick von der Westempore zum Aron ha-Kodesch und zur Orgelempore
Blick zum Aron ha-Kodesch
Detail Leuchter
Orgelempore

rechte Seite oben: Unter der südlichen Frauenempore
unten: Blick von der südlichen Frauenempore zur Westempore

oben: Blick von der Frauenempore zum Aron ha-Kodesch

Stephan Wirtz
Zeittafel

1933

30. Januar 1933 – Hitler wird Reichskanzler

Hitler wird von Reichspräsident Hindenburg zum Reichskanzler ernannt. Die Verfolgung politischer Gegner, insbesondere von Sozialdemokraten und Kommunisten, beginnt und wird nach dem Reichstagsbrand weiter verschärft. Bei den am 5. März folgenden Reichstagswahlen gewinnen die Hitler tragenden Parteien (NSDAP und DNVP) die absolute Mehrheit.

1. April 1933 – Boykott und Berufsverbote gegen Juden

Nach den Wahlen häufen sich die Überfälle auf Juden und deren Geschäfte. Die lokalen Aktionen von SA und NSDAP münden am 1. April in einem reichsweiten Boykott »jüdischer Geschäfte«. Diesen Angriffen folgte auf der administrativen Seite das »Gesetz zur Wiederherstellung des Berufsbeamtentums«, nach dem alle »nichtarischen« Beamten mit Ausnahme der ehemaligen Frontsoldaten entlassen werden sollten. In den folgenden Wochen und Monaten werden entsprechende Anordnungen für Ärzte, Apotheker, Anwälte und weitere Berufe erlassen. Zeitgleich mit dem Ausschluss von Juden aus zahlreichen Berufen wird ein solcher »Arierparagraph« auch von vielen Vereinen und Clubs eingeführt, womit die Juden auch in weiten Teilen ihres Privatlebens diskriminiert und ausgegrenzt werden.

10. Mai 1933 – Bücherverbrennung

Auf öffentlichen Plätzen werden in ganz Deutschland die Bücher von jüdischen wie von politisch unliebsamen Autoren verbrannt.

Sommer 1933

Einbürgerungen von Juden, die während der Weimarer Republik erfolgten, werden widerrufen. Nichtjuden wird die Scheidung von ihren jüdischen Ehefrauen unter dem Vorwand, die Frau wolle ihre jüdische Herkunft verschleiern, ermöglicht. An zahlreichen Orten wird der Besuch von Badeanstalten für Juden verboten oder stark eingeschränkt.

1935

Mai – August 1935

Verstärkte Hetz- und Boykottpropaganda gegen Juden in der Presse. In vielen Städten kommt es erneut zu gewalttätigen Angriffen auf Juden und zu pogromartigen Ausschreitungen, vor allem in Berlin.

15. September 1935
»Nürnberger Gesetze«

Im Rahmen des »Reichsparteitags« der NSDAP beschließt der Reichstag die »Nürnberger Gesetze«. Das Reichsbürgergesetz führt eine Unterscheidung zwischen »arischen« Reichsangehörigen und bloßen »Staatsbürgern« ein. Dieses Gesetz stellt die Grundlage für spätere Verordnungen dar, die die Juden immer recht- und schutzloser werden lassen. Das »Gesetz zum Schutz des deutschen Blutes und der deutschen Ehre« verbietet Ehen und außereheliche Geschlechtsverkehr zwischen Juden und Nichtjuden. Des Weiteren wird Juden die Beschäftigung weiblicher Hausangestellter »deutschen und artverwandten Blutes« sowie das Hissen der Reichsflagge verboten.

14. November 1935

Aberkennung des Wahlrechts für Juden in Bezugnahme auf das Reichsbürgergesetz.

1938

13. März 1938

Die Wehrmacht marschiert in Österreich ein. Die Atmosphäre in Wien ist geprägt durch den antisemitischen Straßenterror. Juden werden in aller Öffentlichkeit und unter starker Beteiligung der Bevölkerung geschlagen, gedemütigt und beraubt. Viele Juden fliehen in die Nachbarländer.

Frühjahr / Sommer 1938

Ab Ende 1937 bereitet die Ministerialbürokratie weitere Gesetze vor, die zur endgültigen Ausschaltung der Juden aus dem Wirtschaftsleben führen sollen. Juden müssen Vermögen über 5000 Reichsmark anmelden und im Juni ihre Betriebe kennzeichnen und registrieren lassen. Ab Juli erfolgt dann eine Reihe weiterer Berufsverbote für jüdische Makler, Hausierer und Vertreter, den noch verbliebenen jüdischen Anwälten und Ärzten werden ihre Zulassungen entzogen. Im Juli wird eine besondere Kennkarte für Juden eingeführt und im Folgenden ergeht die Verordnung, dass Juden zusätzlich die Vornamen »Sara« und »Israel« führen müssen, eine Maßnahme, die die Betroffenen gleichermaßen demütigt als auch ihrem Umfeld gegenüber als Juden kennzeichnet.

20. August 1938

Die »Zentralstelle für jüdische Auswanderung« wird in Wien unter Leitung von Adolf Eichmann gegründet. Mit ihr wird der staatlich organisierte Druck zur Auswanderung verstärkt und die Durchführung der Auswanderungsmodalitäten beschleunigt und zentralisiert.

28. Oktober 1938

17 000 Juden polnischer Herkunft, die meist bereits seit Jahrzehnten in Deutschland lebten, werden abgeschoben. Da sie von den polnischen Behörden nicht als Polen angesehen werden, müssen sie tagelang unter menschenunwürdigen Bedingungen im Niemandsland kampieren. Unter den Abgeschobenen befinden sich auch die Eltern von Herschel Grynszpan.

7. November 1938

Als Reaktion auf die Behandlung seiner Eltern und der Juden in Deutschland schießt Herschel Grynszpan auf den Angehörigen der deutschen Botschaft in Paris, Ernst vom Rath, und verletzt ihn schwer. Zwei Tage später stirbt vom Rath.

1939

24. Januar 1939
Um die Auswanderung von Juden weiter zu forcieren, wird nach Wiener Vorbild die »Reichszentrale für jüdische Auswanderung« unter Leitung Heydrichs, dem Chef der Sicherheitspolizei und des Sicherheitsdienstes (SD) der SS, gegründet. Damit hat die SS eine zentrale Position bei der Planung und Durchführung antisemitischer Maßnahmen erreicht.

1. September 1939
Deutschland überfällt Polen, damit beginnt der 2. Weltkrieg. Der Wehrmacht folgen Einsatzkommandos der SS, die mehrere tausend Juden, potenzielle politische Gegner und polnische Intellektuelle ermorden. In Deutschland wird für Juden eine Ausgangssperre nach 20.00 Uhr verhängt.

12. Oktober 1939
Erste Deportation von Juden aus Österreich nach Polen. Entgegen den ursprünglichen Absichten des SD kann nur ein zweiter Deportationszug folgen. Der Grund für den Stopp der Deportationen war, dass die Wehrmacht die benötigten Züge zur Vorbereitung des Westfeldzuges brauchte und die deutschen Behörden in Polen nicht genügend auf das Eintreffen einer größeren Zahl von Juden vorbereitet waren.

23. November 1939
Juden im neu gebildeten »Generalgouvernement Polen« müssen einen »Judenstern« tragen.

1940

8. Februar 1940
In Lodz wird die Errichtung des ersten Großstadtghettos angeordnet. Im Laufe der nächsten Monate werden alle Juden in Polen nach und nach gezwungen, sich in Ghettos zu organisieren.

12./13. Februar 1940
Erste Deportationen von Juden aus Deutschland (Stettin) nach Polen. Nach Protesten des Generalgouverneurs Frank werden die Transporte auf Anordnung Görings wieder gestoppt.

10. Mai 1940
Beginn des deutschen Angriffs auf die Niederlande, Belgien, Luxemburg und Frankreich.

19. Juli 1940
Juden müssen ihre Telefonapparate abgeben.

16. Oktober 1940
Errichtung des Warschauer Ghettos. Die ca. 450 000 jüdischen Bewohner werden auf knapp 3,5 Quadratkilometern zusammengedrängt. Über 80 000 von ihnen sterben bis September 1942 an Hunger und Krankheiten.

9./10. November 1938
»Reichskristallnacht«
Der Tod vom Raths wird von den Nationalsozialisten zum Vorwand für den als »Reichskristallnacht« bekannten Pogrom vom 9./10. November genommen. An diesen beiden Tagen werden ca. 7500 Geschäfte beschädigt und geplündert, über 1400 Synagogen geschändet oder zerstört und mindestens 91 Juden ermordet. 20 000 bis 30 000 jüdische Männer werden von der SS verhaftet und in die Konzentrationslager Dachau, Sachsenhausen und Buchenwald eingeliefert, wo sie gequält und gedemütigt werden. Mehrere hundert von ihnen überleben dies nicht.

12. November 1938
Auf einer reichsweiten Konferenz unter Vorsitz von Hermann Göring wird die vollständige Enteignung der jüdischen Bevölkerung Deutschlands beschlossen. Bis zum Jahreswechsel müssen die verbliebenen jüdischen Geschäftsinhaber ihre Betriebe entweder schließen oder zu einem Spottpreis verkaufen. Darüber hinaus wird den Juden noch eine »Sühneleistung« von einer Milliarde Reichsmark abverlangt. Die Kosten für die Beseitigung der Schäden der Reichspogromnacht müssen die Juden selbst tragen. Versicherungsansprüche werden vom Staat beschlagnahmt. In der Folge des Novemberpogroms wurde Juden der Besuch von Museen, Theatern und anderen kulturellen Einrichtungen verboten, der Führerschein eingezogen und die letzten jüdischen Kinder müssen die »deutschen Schulen« verlassen. Damit war die Bewegungsfreiheit der jüdischen Bevölkerung stark eingeschränkt und ihre Trennung von den »Ariern« weitgehend vollzogen.

1941

Februar 1941
Der SD beginnt mit der Deportation von 250 000 Juden aus dem »Warthegau« und 60 000 Wiener Juden nach Polen. Aufgrund von Transportproblemen und Widerständen vor Ort muss der SD die Umsiedlungen erneut vorzeitig abbrechen.

22. Juni 1941
Mit dem Angriff auf die Sowjetunion beginnen die Einsatzgruppen des SD mit Hilfe von SS- und Wehrmachtstruppen mit Massenerschießungen und inszenieren Pogrome. Innerhalb von fünf Monaten bringen sie eine halbe Million Juden um, bis zur deutschen Niederlage bei Stalingrad ermorden sie mindestens 1,25 Millionen Juden.

1. September 1941
Per Polizeiverordnung wird bestimmt, dass alle Juden ab sechs Jahren vom 15. September an in Deutschland den so genannten »Judenstern« tragen müssen.

3. September 1941
In Auschwitz werden erstmals Menschen mit dem Insektengift Zyklon B ermordet. Opfer dieses »Experiments« sind 600 sowjetische Kriegsgefangene und 250 kranke Häftlinge.

24. Oktober 1941
Befehl zur Deportation von 50 000 Juden aus dem »Altreich«, Österreich und dem »Protektorat Böhmen und Mähren« in den »Osten«. Beginn der systematischen Deportationen von Juden aus Deutschland. An einigen Zielorten werden die Ankommenden sofort erschossen, an anderen zunächst in Ghettos zusammengepfercht. Offensichtlich gibt es zu diesem Zeitpunkt noch Unsicherheiten, wie mit den deutschen Juden verfahren werden soll.

Oktober 1941
Beginn der Vorbereitungen zum Bau des ersten Vernichtungslagers, Belzec. Der Bau selbst beginnt im November und im März wird dort mit der Massenvergasung durch Kohlenmonoxid begonnen. In Belzec wurden rund 600 000 Menschen, fast alle Juden, ermordet.

Ende Dezember 1941
Auf Initiative der örtlichen SS-Offiziere beginnt die Ermordung von Juden in mobilen Gaswagen im Lager Chelmno.

1942

20. Januar 1942

Auf der Wannsee-Konferenz werden die anwesenden Staatssekretäre der wichtigsten Ministerien und SS-Führer durch den Chef des Reichssicherheitshauptamtes (RSHA) und des Sicherheitsdienstes (SD) Heydrich über den Stand der Judenvernichtung und die weiteren Pläne informiert. Die Konferenz dient vor allem der Koordination der verschiedenen an der so genannten »Endlösung der Judenfrage« beteiligten Ressorts.

Februar – Mai 1942

Obwohl die Deportationen aus dem Reich bereits begonnen haben und die Vernichtung der Juden beschlossen ist, wird eine Reihe demütigender Verordnungen erlassen. So dürfen Juden keine Haustiere mehr halten, keine Zeitungen beziehen, keine öffentlichen Verkehrsmittel benutzen.

22. Juli – 12. September 1942

Massendeportationen von etwa 300 000 Juden aus dem Warschauer Ghetto. Rund 265 000 von ihnen werden nach Treblinka gebracht, wo fast alle sofort ermordet werden.

1943

27. Februar 1943

In Berlin werden etwa 11 000 Juden, zum größten Teil Arbeiter und Arbeiterinnen in der Rüstungsindustrie, verhaftet, um deportiert zu werden. Darunter befinden sich 1500 in »Mischehe« lebende Juden. Mehrere hundert Ehepartner, Kinder und Verlobte, fast ausschließlich Frauen, protestieren öffentlich gegen die Verhaftung ihrer Ehemänner und erreichen schließlich deren Freilassung.

19. April 1943

Deutsche Polizeieinheiten beginnen mit der Deportation der im Warschauer Ghetto verbliebenen 60 000 Juden. Sie stoßen auf starken Widerstand der Vereinigten Jüdischen Kampforganisation sowie einem großen Teil der unorganisierten Ghettobewohner. Trotz großem militärischen Aufwand gelingt es den SS- und Wehrmachtstruppen erst am 16. Mai, den Warschauer Ghettoaufstand niederzuschlagen. Der Widerstand im Warschauer Ghetto war kein isoliertes Ereignis. In etwa 100 Ghettos bildeten sich Untergrundorganisationen mit dem Ziel, einen Aufstand zu organisieren oder geschlossen aus dem Ghetto auszubrechen, um den Kampf als Partisanen fortzusetzen.

24. Mai 1943

In Sofia demonstrieren etwa 10 000 Menschen, zum großen Teil Juden, gegen die unmittelbar bevorstehenden Deportationen. Der Widerstand der bulgarischen Juden wird insbesondere von der orthodoxen Kirche und der kommunistischen Partei unterstützt und stößt in der bulgarischen Bevölkerung auf große Sympathie. Dadurch wurden die Deportationen verhindert und die bulgarischen Juden vor der Vernichtung gerettet.

1./2. Oktober 1943

Die deutsche Polizei beginnt mit der Deportation von Juden in Dänemark. In einer mehrwöchigen Aktion gelingt es dem dänischen Widerstand, 7200 Juden nach Schweden in Sicherheit zu bringen.

14. Oktober 1943

Aufstand und Massenflucht aus dem Vernichtungslager Sobibor.

1944

15. Mai – 9. Juli 1944

437 000 ungarische Juden werden nach Auschwitz deportiert. Fast alle werden unmittelbar nach ihrer Ankunft ermordet.

6./7. Oktober 1944

Häftlingsrevolte des Sonderkommandos in Auschwitz, bei der die Häftlinge eine der Gaskammern zerstören.

1945

17. Januar 1945

Die SS räumt Auschwitz. Es beginnt der Todesmarsch von 66 000 Häftlingen nach Wodzislaw, von wo aus sie auf andere Lager verteilt werden sollen. 15 000 sterben auf diesem Weg.

27. Januar 1945

Die Rote Armee befreit in Auschwitz 7650 Häftlinge.

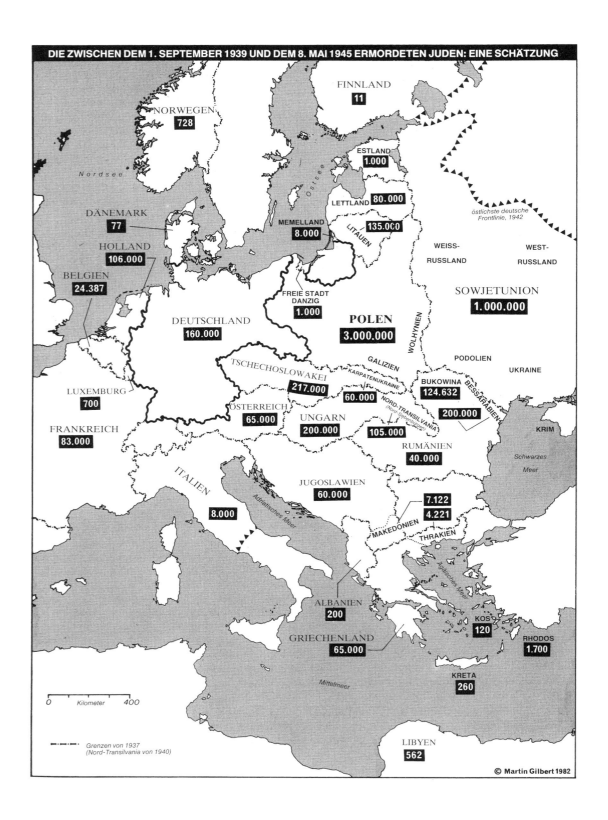

DIE ZWISCHEN DEM 1. SEPTEMBER 1939 UND DEM 8. MAI 1945 ERMORDETEN JUDEN: EINE SCHÄTZUNG

FINNLAND
11

NORWEGEN
728

Nordsee

ESTLAND
1.000

Ostsee

DÄNEMARK
77

LETTLAND **80.000**

MEMELLAND
8.000

LITAUEN **135.000**

*östlichste deutsche
Frontlinie, 1942*

HOLLAND
106.000

WEISS-
RUSSLAND

WEST-
RUSSLAND

BELGIEN
24.387

FREIE STADT
DANZIG
1.000

DEUTSCHLAND
160.000

**POLEN
3.000.000**

WOLHYNIEN

SOWJETUNION
1.000.000

PODOLIEN

UKRAINE

LUXEMBURG
700

TSCHECHOSLOWAKEI
217.000

GALIZIEN

KARPATENUKRAINE

BUKOWINA
124.632

BESSARABIEN

ÖSTERREICH
65.000

60.000

NORD-TRANSILVANIA
(Nord-Siebenbürgen)

200.000

FRANKREICH
83.000

UNGARN
200.000

105.000

KRIM

RUMÄNIEN
40.000

*Schwarzes
Meer*

ITALIEN

JUGOSLAWIEN
60.000

7.122

4.221

Adriatisches Meer

8.000

MAKEDONIEN

THRAKIEN

Ägäisches Meer

ALBANIEN
200

KOS
120

GRIECHENLAND
65.000

RHODOS
1.700

KRETA
260

Mittelmeer

Kilometer

0   400

·—·—·— Grenzen von 1937
(Nord-Transilvania von 1940)

LIBYEN
562

© Martin Gilbert 1982

Agnieszka Lulinska
Glossar

Aron ha-Kodesch (Heilige Lade)

Die hebräische Bezeichnung geht auf die biblische Bundeslade zurück, in der die steinernen Gesetzestafeln Moses' aufbewahrt wurden. Seit der Zerstörung des Salomonischen Tempels 586 v. d. Z. gilt sie als verschollen. Heute wird mit Aron ha-Kodesch das Behältnis für die Torarollen in der Synagoge bezeichnet. Ursprünglich freistehend, an der nach Jerusalem orientierten Wand der Synagoge, wurde es später häufig in eine Apsis eingelassen.

Aschkenas, Aschkenasim

Im Mittelalter die Bezeichnung für die im Gebiet des heutigen Deutschlands und Nordostfrankreichs lebenden Juden. Von der Zeit der Kreuzzüge an umfasst der Begriff auch die nach Mittel- und Osteuropa geflohenen Juden und ihre Nachfahren.

Bar Mizwa

Am Sabbat nach seinem 13. Geburtstag wird ein Knabe feierlich zum »Sohn des Gebotes« erklärt. Er wird an diesem Tag erstmals in der Synagoge aufgerufen, um einen Abschnitt aus der Tora vorzulesen. Von diesem Moment an wird er als religiös mündiges, beim Gebetsquorum zählendes Mitglied der Gemeinde betrachtet.

Basilika

In der altrömischen Baukunst eine mehrschiffige Halle mit überhöhtem Mittelschiff und niedrigeren Seitenschiffen, zum Teil mit angefügten Emporen und Apsiden. Ursprünglich hatte die Basilika eine profane Bestimmung als Markt-, Gerichts- und Versammlungsort. Die früheste bekannte Synagoge in Form einer Basilika stand in Alexandrien, wo sie im 2. oder 3. Jahrhundert v. d. Z. errichtet wurde.

Bet ha-Knesset

Der hebräische Begriff bedeutet »Haus der Versammlung« und wird mit der griechischen Bezeichnung »Synagoge« für »Versammlung« gleichgesetzt. Er bezeichnet die zentrale Stätte des Gebets, des Lernens und der Zusammenkunft einer jüdischen Gemeinde.

Bima (auch Almemor – arabisch: Kanzel)

Hebräische Bezeichnung für Estrade mit einem Pult, an dem die Toralesung vorgenommen wird. Die Bima befindet sich in aschkenasischen orthodoxen Synagogen in der Mitte des Raumes, in Reformsynagogen am östlichen Ende des Betsaales vor dem Toraschrein. In Synagogen nach sephardischem Ritus ist sie an der dem Toraschrein entgegengesetzten Westwand positioniert.

Bundeslade – siehe Aron ha-Kodesch

Chanukka

Das als »Einweihung« bezeichnete Lichtfest zur Wintersonnenwende. Gefeiert wird zur Erinnerung an den Sieg des Juda Makkabäus über den syrischen König Antiochos IV. Epiphanes im Jahre 165 v. d. Z. und an die Wiedereinweihung des Zweiten Tempels zu Jerusalem. An Chanukka wird ein achtarmiger Leuchter aufgestellt, dessen Lichter an acht hintereinander folgenden Tagen angezündet werden.

Diaspora

Der griechische Begriff für »Zerstreuung« bezeichnet die jüdischen Gemeinden außerhalb des Landes Israel seit dem babylonischen Exil im 6. Jahrhundert v. d. Z.

Empore

Ein tribünen- oder galerieartiger Einbau auf Freistützen. In den orthodoxen Synagogen wurden auf Emporen die Sitzplätze für Frauen untergebracht. Die Frauenemporen lösten seit dem 16. Jahrhundert den in älteren Synagogen üblichen separaten Frauenraum ab.

Heilige Lade – siehe Aron ha-Kodesch

Jom Kippur

Dieser »Tag der Sühne«, höchster Festtag des jüdischen Jahreszyklus, beendet die zehn Bußtage, die auf den Neujahrsgottesdienst (Rosch ha-Schana) folgen. Es heißt, während dieser zehn Tage schreibt Gott das Schicksal der Menschen in ein Buch: Die Namen der Guten würden »zum Leben« für das nächste Jahr eingetragen, die der Bösen würden getilgt und über die Mittelmäßigen würde am Tag der Sühne befunden.

Kaddisch

Abgeleitet vom aramäischen »heiliger«: ein aus dem 1./2. Jahrhundert stammendes Gebet, in dem die Heiligkeit Gottes gepriesen und die Hoffnung auf Erlösung vom Schicksal des Exils ausgesprochen wird. Heute wird Kaddisch von den Söhnen bei der Bestattung der Eltern und in der folgenden Trauerzeit gesprochen.

Kantor

Ursprünglich der Aufseher einer Versammlung zum Gebet, mit der Zeit Vorsänger und Vorbeter in der Synagoge.

Kaschrut, Kascher, Koscher

Die auf biblische Bestimmungen zurückgehenden rabbinischen Reinlichkeitsgesetze beziehen sich heute hauptsächlich auf die Aufbewahrung und die Zubereitung von Nahrungsmitteln. Grundsätzlich dürfen Fleisch- und Milchprodukte nicht miteinander in Kontakt kommen und werden deshalb in gesondertem Geschirr zubereitet und gegessen.

Kiddusch

Einweihung des Sabbats am Freitagabend durch ein Gebet des Hausherrn und dessen Segen über einen Becher Wein.

Menora

Siebenarmiger Leuchter. Im Salomonischen Tempel (um 957 bis 586 v. d. Z.) sollen sich zehn solcher Leuchter befunden haben, im zweiten Tempel (um 515 v. d. Z. bis 70 n. d. Z.) nur noch ein Einziger, der bei der Eroberung Jerusalems durch den römischen Kaiser Titus im Jahre 70 n. d. Z. geraubt und mit anderen Tempelgeräten nach Rom verbracht wurde.

Mikwe

Das Bad für das monatliche Reinigungsritual der Frauen und für rituelle Waschungen der Männer befand sich meist in oder nahe der Synagoge. Es durfte nur »lebendes« Quell- oder Regenwasser enthalten.

Minjan

Zehn über 13 Jahre alte männliche, religionsgesetzlich mündige Personen, die als Gebetsquorum für den Gottesdienst vorgeschrieben sind.

Orthodoxie

Strenggläubige Richtungen des Judentums, deren Lebensanschauung und -praxis an die traditionellen Vorschriften gebunden sind, wie sie in den überlieferten schriftlichen und mündlichen Gesetzen niedergelegt sind. Der Sinaioffenbarung wird dabei eine zentrale Stellung eingeräumt, der gegenüber alle geschichtlichen Veränderungen der Welt als belanglos gewertet werden müssen.

Pentateuch

Der griechische Terminus bezeichnet die Fünf Bücher Moses' (Genesis, Exodus, Leviticus, Numeri, Deuteronomium).

Pessach

Frühlingsfest (hebräisch: »Vorüberschreiten«) zur Erinnerung an den Auszug des Volkes Israel aus Ägypten und die Befreiung aus pharaonischer Knechtschaft.

Purim

Freudenfest zur Erinnerung an die Errettung der jüdisch-persischen Diaspora im 6. Jahrhundert v. d. Z. vor dem Anschlag des Großwesirs Haman.

Rabbiner

Ursprünglich Bezeichnung für jüdische Schriftgelehrte und Religionslehrer, heute für ordinierte jüdische Geistliche.

Reformiertes Judentum, liberales Judentum

Reformbewegung, die im Zuge der gesellschaftlichen Emanzipation der Juden einsetzte. Bei gebührender Ehrerbietung für die überlieferten Gesetze lehnen die Reformer deren bindende Anwendung in jedem Lebensbereich ab und wollen sie den sich verändernden Bedingungen der Neuzeit anpassen. Die Änderungswünsche bezogen sich im Wesentlichen auf eine Neuregelung der Gebetsordnung, die Einführung der Nationalsprachen im Gottesdienst sowie auf die Einführung von Chor- und Orgelmusik.

Rosch ha-Schana

Das jüdische Neujahrsfest (hebräisch: »Anfang des Jahres«), auf das nach zehn Bußtagen Jom Kippur folgt.

Sabbat, Schabbat

Gott geweihter Feiertag, der vom Freitagabend bis Samstagabend dauert. Während dieser Zeit darf keinerlei Arbeit verrichtet werden. Der Feiertag soll ganz der religiösen Erbauung gewidmet sein und an den siebten Tag erinnern, an dem Gott nach sechs Schöpfungstagen ruhte.

Schul

Aus dem italienischen »scuola« abgeleitete Bezeichnung für die Synagoge. In seiner Übersetzung des Neuen Testaments führte Martin Luther den Begriff Schule für die Synagoge in den deutschen Sprachgebrauch ein.

Sefard, Sefardim

Diese Bezeichnung wird traditionell mit dem jüdischen Lebensraum auf der Iberischen Halbinsel gleichgesetzt. Nach der Vertreibung der Juden aus Spanien, Portugal und Südfrankreich 1492 ließen sich die Sepharden in Italien, dem Osmanischen Reich, den Niederlanden und Nordafrika nieder.

Sukkot, Sukka

Das im Herbst begangene Laubhüttenfest erinnert an die vierzigjährige Wanderung des Volkes Israel durch die Wüste. Ursprünglich ein Erntedankfest.

Synagoge – siehe Bet ha-Knesset

Talmud

Neben der Tora die Hauptgrundlage der jüdischen Religionslehre. Setzt sich zusammen aus der Mischna, die Rechtsfragen und Religionsgesetze behandelt, und der Gemara, in der die Erläuterungen und Diskussionen zur Mischna gesammelt sind.

Tora

Der hebräische Begriff »Lehre« bezieht sich auf die Fünf Bücher Moses' (Pentateuch), die als die heiligste Grundlage der jüdischen Glaubenslehre gelten. Die Tora bildet mit den prophetischen und historischen Büchern das schriftliche Gesetz, während der Talmud als das mündliche Gesetz gilt. Ein festgelegter Abschnitt der Tora wird an jedem Sabbat in der Synagoge vorgelesen.

Torakrone

Schmuckvolle Bekrönung der Torarolle, die auf die beiden oberen Enden der Rollstäbe aufgesetzt wird.

Torarolle

Die vom Toraschreiber ausgeführte Niederschrift des Pentateuch auf Pergament. Die Schriftrolle wird auf zwei Stäbe aufgerollt, durch einen Wimpel zusammengehalten und in einen Toramantel gehüllt. Die Torarolle wird in der Synagoge im Aron ha-Kodesch aufbewahrt und ist der kostbarste Besitz einer Gemeinde.

Torazeiger

Der Torazeiger dient als Lesehilfe der Heiligen Schrift, da diese nicht mit der Hand berührt werden darf. Die meist aus Silber oder Gold gefertigten Torazeiger bestehen aus einem kunstvoll verzierten Schaft, der in einer Hand mit ausgestrecktem Zeigefinger mündet.

Literatur

Architektur und Geschichte von Synagogen: allgemein

BREFFNY, BRIAN DE: *The Synagogue*. Jerusalem 1978

BUSINK, T. A.: *Der Tempel zu Jerusalem*. 2 Bde. Leiden 1970/80

CARLEBACH, JOSEPH: *Die Architektur der Synagoge*. In: CARLEBACH, JOSEPH: *Ausgewählte Schriften*. 2 Bände. Hrsg.: Gillis-Carlebach, Miriam. Hildesheim 1982

CHIAT, MARILYN JOYCE SEGAL: *Handbook of Synagogue Architecture*. Brown Judaic Studies, 29. Chico, Calif. 1982

DAVIDOVICZ, DAVID: *Wandmalerei in alten Synagogen*. Hameln 1969

DUBNOW, SIMON: *Weltgeschichte des jüdischen Volks*. 10 Bde. Berlin 1925–29

EISENBERG, AZRIEL: *The Synagogue Through the Ages*. New York 1974

ELBOGEN, ISMAR: *Ein Jahrhundert jüdischen Lebens. Die Geschichte des neuzeitlichen Judentums*. Frankfurt (Main) 1967

ELBOGEN, ISMAR: *Der jüdische Gottesdienst in seiner geschichtlichen Entwicklung*. Frankfurt (Main) 1931. Neudruck Hildesheim 1995

FINKELSTEIN, LOUIS: *The Origins of the Synagogue*. In: *Proceedings of the American Academy for Jewish Research*. Bd. 1. Philadelphia 1930, S. 49–59

FORTIS, UMBERTO: *Ebrei e Synagoghe*. Venedig 1973

FRAUBERGER, HEINRICH: *Über Bau und Ausschmückung alter Synagogen*. Frankfurt (Main) 1901

FRAUBERGER, HEINRICH: *Über alte Kultusgegenstände in Synagoge und Haus*. Repr. der Ausg. 1903. Jerusalem 1970

GRAETZ, MICHAEL/KÜNZL, HANNELORE (Hrsg.): *Vom Mittelalter in die Neuzeit: Jüdische Städtebilder Frankfurt, Prag, Amsterdam*. Essayband zur Jubiläumsausstellung. Heidelberg 1999

GROTTE, ALFRED (Hrsg.): *Deutsche, böhmische und polnische Synagogentypen vom 11. bis Anfang des 19. Jahrhunderts*. Berlin 1915

GUGGENHEIMER, ERNST: *Aus der Geschichte des Synagogenbaues*. In: *Festschrift zur Einweihung der Synagoge in Stuttgart*. Stuttgart 1952

GUTMANN, JOSEPH (Hrsg.): *The Synagogue. Studies in Origins, Archaeology and Architecture*. New York 1975

HERZIG, ARNO: *Jüdische Geschichte von den Anfängen bis zur Gegenwart*. München 1997

HÖXTER, JULIUS: *Quellenbuch zur jüdischen Geschichte und Literatur*. 4 Bde. Frankfurt (Main) 1927–30. Neudruck Zürich 1983

HRUBY, KURT: *Die Synagoge. Geschichtliche Entwicklung einer Institution*. Zürich 1971

Jüdische Lebenswelten. Ausstellungskatalog. Martin-Gropius-Bau Berlin 1992. 2 Bde. Bd. 1. Katalog. NACHAMA, ANDREAS/SIEVERNICH, GEREON (Hrsg.). Bd. 2. Essays. NACHAMA, ANDREAS/SCHOEPS, JULIUS H./VOOLEN, EDWARD VAN (Hrsg.) 1991/1992

KANOF, ABRAM: *Jewish Ceremonial Art and Religious Observance*. New York 1972

KAPLOUN, URII (Hrsg.): *The Synagogue*. Jerusalem 1973

KLASEN, LUDWIG: *Jüdische Tempel oder Synagogen*. In: *Grundrissvorbilder von Gebäuden für kirchliche Zwecke*. Leipzig 1889

KOHL, HEINRICH/WATZINGER, CARL: *Die antiken Synagogen in Galiläa*. Leipzig 1916. Neudruck Jerusalem 1973

KOHLER, KAUFMAN: *The Origins of the Synagogue and the Church*. New York 1929

KRAUSS, SAMUEL: *Synagogale Altertümer*. Berlin 1922

KRAUTHEIMER, RICHARD: *Mittelalterliche Synagogen*. Berlin 1927

KRINSKY, CAROL HERSELLE: *Europas Synagogen: Architektur, Geschichte und Bedeutung*. Wiesbaden 1997 und Stuttgart 1998

KRÜGER, RENATE: *Die Kunst der Synagoge. Eine Einführung in die Probleme von Kunst und Kult des Judentums*. 2. Aufl. Leipzig 1968

KÜNZL, HANNELORE: *Islamische Stilelemente im Synagogenbau im 19. und frühen 20. Jh.* Frankfurt (Main), Berlin, New York 1984

KÜNZL, HANNELORE: *Jüdische Kunst. Von der biblischen Zeit bis in die Gegenwart*. München 1992

LAMM, HANS: *Synagogenbau gestern und heute*. In: Baumeister 63 (1966), S. 53–59

LEVY, ISAAC: *The Synagogue. Its History and Function*. London 1963

MAURER, WILHELM: *Kirche und Synagoge. Motive und Formen der Auseinandersetzung der Kirche mit dem Judentum im Laufe der Geschichte*. Stuttgart 1953

MEEK, HAROLD A.: *Die Synagoge*. München 1996

NIPPA, ANNEGRET/HERBSTREUTH, PETER: *Eine kleine Geschichte der Synagoge in dreizehn Städten*. Hamburg 1999

PIECHOTKA, MARIA/PIECHOTKA, KAZIMIERZ: *Wooden Synagogues*. Warschau 1959

REISZ, MATTHEW: *Europe's Jewish Quarters*. London 1991

ROSENBERG, LAURIE: *The Synagogue*. London 1997

ROSENMANN, MOSES: *Der Ursprung der Synagoge und ihre allmähliche Entwicklung*. Berlin 1907

ROTH, B. CECIL: *Die Kunst der Juden*. 2 Bde. Frankfurt (Main) 1963–1964

SCHOEPS, JULIUS H. (Hrsg.): *Neues Lexikon des Judentums*. Gütersloh 1998

SCHWARZ, HANS-PETER (Hrsg.): *Die Architektur der Synagoge*. Harold Hammer-Schenk (Mitarb.). Ausstellungskatalog. Deutsches Architekturmuseum Frankfurt (Main). Stuttgart 1988

SELIGMANN, CAESAR: *Geschichte der jüdischen Reformbewegung von Mendelssohn bis zur Gegenwart*. Frankfurt (Main) 1922

STOBBE, OTTO: *Synagoga. Jüdische Altertümer, Handschriften und Kultgeräte*. Frankfurt (Main) 1961

THIRY, P./BENNET, R. M./KAMPHOEFER, R.L.: *Churches and Temples*. 1953

TOYNBEE, ARNOLD JOSEPH: *Auf diesem Felsen*. Wien 1969

VRIES, SIMON P. DE: *Jüdische Riten und Symbole*. 7. Aufl. Wiesbaden 1995

WARNATSCH, M.: *Innenausstattung der Kirchen und Synagogen*. Berlin 1911–1914

WIGODER, GEOFFREY: *The Story of the Synagogue*. London 1986

WISCHNITZER-BERNSTEIN, RACHEL: *The Architecture of the European Synagogue*. Philadelphia 1964

Geschichte und Architektur der Synagogen in Deutschland

ADLER, HANS GEORG: *Die Juden in Deutschland von der Aufklärung bis zum Nationalsozialismus.* München 1960

BARTETZKO, DIETER: *Eine verschollene Architektur. Über Synagogen in Deutschland.* Frankfurt (Main) 1988

BENZ, WOLFGANG (Hrsg.): *Die Juden in Deutschland 1933–1945. Leben unter nationalsozialistischer Herrschaft.* München 1988

BROCKE, MICHAEL (Hrsg.): *Feuer an Dein Heiligtum gelegt: Zerstörte Synagogen 1938 Nordrhein-Westfalen.* Salomon Ludwig Steinheim-Institut für deutsch-jüdische Geschichte. Bochum 1999

DAHLE, TERJE N. (Bearb.): *Synagogen. Bibliographie.* IRB-Literaturdokumentation. Tagesaktualisierte Aufl. Stuttgart 2000

DIAMANT, ADOLF: *Zerstörte Synagogen vom November 1938. Eine Bestandsaufnahme.* Frankfurt (Main) 1978

DÖSCHER, HANS-JÜRGEN: *»Reichskristallnacht«. Die Novemberpogrome 1938 im Spiegel ausgewählter Quellen.* Bonn 1988

DROBISCH, KLAUS/GOGUEL, RUDI/MÜLLER, WERNER: *Juden unterm Hakenkreuz. Verfolgung und Ausrottung der deutschen Juden 1933 bis 1945.* Berlin 1973

EHRLICH, ERNST L.: *Geschichte der Juden in Deutschland.* Düsseldorf 1957

ELBOGEN, ISMAR/STERLIN, ELEONORE: *Die Geschichte der Juden in Deutschland.* Berlin 1935, Neudruck Frankfurt (Main) 1988

ESCHWEGE, HELMUT (Hrsg.): *Kennzeichen J. Bilder, Dokumente, Berichte zur Geschichte der Verbrechen des Hitlerfaschismus an den deutschen Juden.* Berlin 1966

ESCHWEGE, HELMUT (Hrsg.): *Die Synagoge in der deutschen Geschichte: eine Dokumentation.* Wiesbaden 1988

FAUST, ANSELM: *Die »Kristallnacht« im Rheinland. Dokumente zum Judenpogrom im November 1938.* 3. Aufl. Düsseldorf 1988

FREIMARK, PETER/KOPITZSCH, WOLFGANG: *Der 9./10. November 1938 in Deutschland. Dokumentation zur »Kristallnacht«.* 5., durchges. u. erw. Aufl. Hamburg 1988

GIDAL, NACHUM T.: *Die Juden in Deutschland von der Römerzeit bis zur Weimarer Republik* (Bildband). Gütersloh 1988

GRAUPE, HEINZ MOSCHE: *Die Entstehung des modernen Judentums. Geistesgeschichte der deutschen Juden 1650 bis 1945.* Hamburg 1969

GROTTE, ALFRED (Hrsg.): *Deutsche, böhmische und polnische Synagogentypen vom 11. bis Anfang des 19. Jahrhunderts.* Berlin 1915.

GROTTE, ALFRED: *Kultbau der Vergangenheit. Vom Einfluss der deutschen Umwelt und Kunst auf den Synagogenbau.* In: *Central-Vereinzeitung* vom 3.7.1931

HAMMER-SCHENK, HAROLD: *Synagogen in Deutschland: Geschichte einer Baugattung im 19. und 20. Jahrhundert.* 2 Bde. Hamburg 1981 (Hamburger Beiträge zur Geschichte der deutschen Juden; 8)

HAMMER-SCHENK, HAROLD: *Untersuchungen zum Synagogenbau in Deutschland von der ersten Emanzipation bis zur gesetzlichen Gleichberechtigung der Juden (1800–1871).* Diss. Tübingen 1974

HERZIG, ARNO/LORENZ, INA u. a. (Hrsg.): *Verdrängung und Vernichtung der Juden unter dem Nationalsozialismus.* Hamburg 1992

HOFER, WALTHER (Hrsg.): *Antisemitismus im Dritten Reich. Dokumente 1933–1945.* Frankfurt (Main), Hamburg 1957

HOFMANN, THOMAS/LOEWY, HANNO (Hrsg.): *Pogromnacht und Holocaust. Frankfurt, Weimar, Buchenwald. Die schwierige Erinnerung an die Stationen der Vernichtung.* Weimar, Köln, Wien 1994

JASPER, WILLI/SCHOEPS, JULIUS H. (Hrsg.): *Deutsch-jüdische Passagen: europäische Stadtlandschaften von Berlin bis Prag.* Hamburg 1996

Die Juden in Deutschland. In: FREIBURGER RUND-BRIEF, Jg. 1963/64, Nr. 57/60. Freiburg 1964

KAMPMANN, WANDA: *Deutsche und Juden.* Heidelberg 1963

KLEMMER, KLEMENS: *Jüdische Baumeister in Deutschland. Architektur vor der Shoah.* Stuttgart 1998

KOCHAN, LIONEL. *Pogrom. 10. November 1939.* London 1958

KOOB, MANFRED (Betreuer): *Jüdische Sakralbauten: 3D-CAD-Visualisierung des Zerstörten;* Studentenarbeiten am Fachgebiet CAD in der Architektur (Ausstellung »Fragmente und Rekonstruktion«, Museum Judengasse, 20.6.–8.9.1996). Darmstadt 1996

KÜNZL, HANNELORE: *Synagogen.* In: TRIER, EDUARD/WEYRES, WILLY (Hrsg.): *Kunst des 19. Jahrhunderts im Rheinland.* Bd. 1: Architektur I, Kultusbauten. Düsseldorf 1980, S. 339–346

LANDAUER, FRITZ: *Jüdischer Kultbau von heute.* In: *Central-Vereinzeitung* vom 3.7.1931

MOSES, ELISABETH: *Jüdische Kult- und Kunstdenkmäler in den Rheinlanden.* In: WIESEMANN, FALK (Hrsg.): *Zur Geschichte und Kultur der Juden im Rheinland.* Düsseldorf 1985, S. 99–200

OBST, DIETER: *»Reichskristallnacht«. Ursachen und Verlauf des antisemitischen Pogroms vom November 1938.* Frankfurt (Main) 1991

OPPENHEIMER, MAX/STUCKMANN, HORST/SCHNEIDER, RUDI: *Als die Synagogen brannten. Antisemitismus und Rassismus gestern und heute.* 3. verb. Aufl. Köln 1988

PEHLE, WALTER H. (Hrsg.): *Der Judenpogrom 1938. Von der Reichskristallnacht zum Völkermord.* Frankfurt (Main) 1988

PRACHT, ELFI: *Jüdisches Kulturerbe in NRW.* Teil 1. Regierungsbezirk Köln. Köln 1997

PRACHT, ELFI: *Jüdisches Kulturerbe in NRW.* Teil 3. Regierungsbezirk Detmold. Köln 1999

ROSENAU, HELEN: *German Synagogues in the Early Period of Emancipation.* In: *Leo Baeck Institute Year Book,* VIII (1963), S. 214–225

Synagogues in 19th century Germany. Ausstellungskatalog. Beth Hatefutsoth, The Nahum Goldmann Museum of the Jewish Diaspora. Tel Aviv 1982

THALMANN, RITA/FEINERMANN, EMMANUEL: *Die Kristallnacht.* Hamburg 1993

WALLENBERG, JÖRG (Hrsg.): *Niemand war dabei und keiner hat's gewußt. Die deutsche Öffentlichkeit und die Judenverfolgung 1933–1945.* München 1989

ZACHARIAS, SYLVIA: *Synagogengemeinden 1933. Ein Wegweiser zu ihren Spuren in der Bundesrepublik Deutschland.* Verein zur Pflege des Jüdischen Kulturerbes in Deutschland e.V. Teil 1. Berlin 1988

Zeitzeugen. Begegnungen mit jüdischem Leben in NRW. MINISTERIUM FÜR ARBEIT, SOZIALES, STADTENTWICKLUNG, KULTUR UND SPORT. Düsseldorf 1998

ZEUGNISSE JÜDISCHER KULTUR. Erinnerungsstätten in Mecklenburg-Vorpommern, Brandenburg, Berlin, Sachsen-Anhalt, Sachsen und Thüringen. Berlin 1992

ZIWES, FRANZ-JOSEF (Hrsg.): *Badische Synagogen aus der Zeit von Friedrich I. in zeitgenössischen Photographien.* Karlsruhe 1997

Synagogen in den einzelnen Städten

Berlin

SELLENTHIN, HANS-GERD: *Geschichte der Juden in Berlin und des Gebäudes Fasanenstraße 79/80.* Festschrift anlässlich der Einwehung des jüdischen Gemeindehauses. Berlin 1959

STERN, MORITZ: *Beiträge zur Geschichte der Jüdischen Gemeinde zu Berlin.* Heft 1–6. Berlin 1926 und 1934

Synagogen in Berlin. Zur Geschichte einer zerstörten Architektur. 2 Bde. Ausstellungskatalog. Berlin 1983

Darmstadt

ARNSBERG, PAUL: *Die jüdischen Gemeinden in Hessen. Anfang, Untergang, Neubeginn.* 3 Bde. Frankfurt (Main) 1972–1975

KROPAT, WOLF-ARNO: *Kristallnacht in Hessen.* Wiesbaden 1988

REINHOLD-POSTINA, EVA/NEUMANN, MORITZ (Hrsg.): *Das Darmstädter Synagogenbuch.* Darmstadt 1988

Dortmund

BITZEL, UWE: *Damit kein Gras darüber wächst. Ereignisse um die Pogromnacht 1938 in Dortmund.* Hrsg.: Gesellschaft für christlich-jüdische Zusammenarbeit und Stadtarchiv Dortmund. Dortmund 1988

FÜRSTENAU, GESCHE: *Architekt im preußischen Staatsdienst: Eduard Fürstenau (1862–1938) und seine Sakralbauten.* Magisterarb. Frankfurt (Main) 1988

FÜRSTENAU, GESCHE: *Die Synagoge in Dortmund.* In: Beiträge zur Geschichte Dortmunds und der Grafstadt Mark, Bd. 80 (1989), S. 65–87

HABEL, WERNER: *Die Zerstörung der Dortmunder Synagoge im Jahre 1938.* In: Judenfeindschaft in Altertum, Mittelalter und Neuzeit. Königstein/Ts. 1981, S. 113–142

KNIPPING, ULRICH: *Die Geschichte der Juden in Dortmund während des Dritten Reiches.* Hrsg.: Historischer Verein. Dortmund 1977

LOEWENBURG, JAKOB: *Die Einweihung der neuen Synagoge in Dortmund (1900).* In: MEYER, HANS C. (Hrsg.): *Aus Geschichte und Leben der Juden in Westfalen.* Frankfurt (Main) 1962, S. 81–87

Dresden

BRUCK, ROBERT: *Gottfried Semper.* In: *Der Baumeister,* I, Nr. 8 (1903), S. 85–86

DIAMANT, ADOLF: *Chronik der Juden in Dresden.* Darmstadt 1973

ESCHWEGE, HELMUT: *Fremd unter meinesgleichen. Erinnerungen eines Dresdner Juden.* Berlin 1991

FRÖHLICH, MARTIN: *Gottfried Semper. Zeichnerischer Nachlass im Besitz der E.T.H. Zürich,* Basel, Stuttgart 1974, S. 74–75, Kat. Nr. 99-1-1 bis 4

FRÖHLICH, MARTIN: *Gottfried Semper.* Zürich 1991

GURLITT, CORNELIUS: *Beschreibende Darstellung der älteren Bau- und Kunstdenkmäler des Königreichs Sachsen.* Heft 21–23. Dresden 1903, S. 296

HAMMER-SCHENK, HAROLD: *Synagogen in Deutschland.* Hamburg 1981, S. 308–347

LEHMANN, EMIL: *Aus alten Acten. Bilder aus der Entstehungsgeschichte der Israelitischen Religionsgemeinde zu Dresden.* Dresden 1886

LÉVY, A.: *Notes sur l'histoire des juifs de Saxe.* In: *Revue des études juives, XXV* (1892), S. 217–234

LÖFFLER, FRITZ: *Das alte Dresden. Geschichte und Bauten.* 5. Aufl. Frankfurt (Main) 1966, S. 136, 234

ROSENAU, HELEN: *Gottfried Semper and the German Synagogue Architecture.* In: *Publications of the Leo Baeck Institute. Yearbook, XXII* (1977), S. 237–244

SEMPER, HANS: *Gottfried Semper. Ein Bild seines Lebens und Wirkens.* Berlin 1880, S. 14

Die Synagoge zu Dresden. In: *Allgemeine Bauzeitung, XII* (1847), S. 127, Tafeln 105–107

Zwischen Integration und Vernichtung. Jüdisches Leben in Dresden im 19. und 20. Jahrhundert. In: DRESDNER HEFTE. BEITRÄGE ZUR KULTURGESCHICHTE. 14. Jg. (1996), Heft 45,1

Frankfurt

ARNSBERG, PAUL: *Bilder aus dem jüdischen Leben im alten Frankfurt.* Frankfurt (Main) 1970

ARNSBERG, PAUL: *Die jüdischen Gemeinden in Hessen. Anfang, Untergang, Neubeginn.* 3 Bde. Frankfurt (Main) 1972–1975.

ARNSBERG, PAUL: *Neunhundert Jahre Mutter-gemeinde Israel,* Frankfurt am Main 1074–1974. Frankfurt (Main) 1974

ARNSBERG, PAUL: *Die Geschichte der Frankfurter Juden seit der Französischen Revolution.* Bd. 2. Darmstadt 1983, S. 21–43

Berliner Architekturwelt, IX (1907), S. 167–168

BERNOULLY, LUDWIG: *Die neue Synagoge in Frankfurt am Main, Friedberger Anlage.* In: BLECHEN, FRANK: *Die Synagoge an der Friedberger Anlage. Gedenkstätte für die ehemalige Synagoge an der Israelitischen Religionsgesellschaft.* Garten- und Friedhofsamt, Frankfurt (Main) o.J.

DER BAUMEISTER, VI (1907), Nr. 2, S. 13–20 (mit vielen Ill.)

DEUTSCHE BAUZEITUNG, XI (1906), S. 538

HAMMER-SCHENK, HAROLD: Synagogen in Deutschland. Hamburg 1981, S. 117–118, 462–465

HOFFMANN, J./REINMANN, A.: *Frankfurt und seine Bauten.* Frankfurt (Main) 1886

JAEGER, ROLAND (Hrsg.): *Robert Friedmann.* Berlin 2000

Jüdische Gemeinde Frankfurt am Main: *Materialien zum 40. Jahrestag der Synagogenzerstörung in Hessen.* Frankfurt (Main) 1979

KOOB, MANFRED (Betreuer): *Jüdische Sakralbauten: 3D-CAD-Visualisierung des Zerstörten;* Studenten-arbeiten am Fachgebiet CAD in der Architektur (Ausstellung »Fragmente und Rekonstruktion«, Museum Judengasse, 20.6.–8.9.1996). Darmstadt 1996

SCHEMS, HANS OTTO: *Der Börneplatz in Frankfurt am Main – ein Spiegelbild jüdischer Geschichte.* Frankfurt (Main) 1987

ZENTRALBLATT DER BAUVERWALTUNG, XXIV (1904), S. 319, 420

Hannover

EILITZ, PETER: *Leben und Werk des königlich-hannoveranischen Baurates Edwin Oppler.* Hannover 1971 (Hannoversche Geschichtsblätter; N.F. 25 (1971), Heft 3–4), S. 127–310, bes. S. 135–136, 164–167, mit Archivhinweisen

HAMMER-SCHENK, HAROLD: *Edwin Opplers Theorie des Synagogenbaus. Emanzipationsversuche durch Architektur.* In: Hannoversche Geschichts-blätter, Nr. 32, 1979, S. 101–113

HAMMER-SCHENK, HAROLD: *Synagogen in Deutschland.* Hamburg 1981, S. 203–213

Jewish Chronicle, 23. Juli 1865

LANDESHAUPTSTADT HANNOVER (Hrsg.): *Leben und Schicksal. Zur Einweihung der Synagoge in Hannover.* Hannover 1963

LAZARUS, L.: *Die Synagoge zu Hannover.* In: *Mitteilungen der Kulturvereine in Hannover,* XXXIII, Nov. 1958, S. 1–4

SCHULZE, PETER: *Juden in Hannover. Beiträge zur Geschichte und Kultur einer Minderheit.* Hannover 1989

Kaiserslautern

FRIEDEL, H.: *Die Juden in Kaiserslautern.* In: *Pfälzer Heimat,* 19 (1968), H. 2, S. 55–58

FRIEDEL, H.: *Aus der Geschichte der Kaiserslauterner Judengemeinde.* In: *Pfälzer Heimat,* 27 (1976), S. 99–103

ZIWES, FRANZ-JOSEF (Hrsg.): *Badische Synagogen aus der Zeit von Friedrich I. in zeitgenössischen Photographien.* Karlsruhe 1997

Köln

ASARI, ZVI (Hrsg.): *Die Juden in Köln von den ältesten Zeiten bis zur Gegenwart.* Köln 1959, S. 193, 353

BRISCH, CARL: *Geschichte der Juden in Cöln und Um-gebung.* Bd. 1 und 2. (Köln) Mülheim 1879 u. 1882

DOPPELFELD, OTTO: *»Residenzen Gottes«. Die ältesten Synagogen von Köln.* Hrsg.: Kölnische Gesellschaft für christlich-jüdische Zusammenar-beit. Köln 1959

JARDEN, LEO: *Jüdische Kult- und Kunstdenkmäler. Aus der Geschichte der Juden im Rheinland.* In: *Rheinischer Verein für Denkmalpflege und Heimat-schutz,* Heft 1, 1931

Jüdisches Schicksal in Köln 1918–1945. Katalog zur Ausstellung des historischen Archivs der Stadt Köln/NS-Dokumentationszentrum, 8.11.1988–22.1.1989, Köln 1988

KÜNZL, HANNELORE: *Synagogenbauten des 19. Jahrhunderts in Köln.* In: *Köln und das rheinische Judentum.* Festschrift Germania Judaica 1959–1984. Köln 1984, S. 226–234

SCHILLING, KONRAD (Hrsg.): *Monumenta Judaica. 2000 Jahre Geschichte und Kultur der Juden am Rhein.* Kölnisches Stadtmuseum. 2 Bde. Köln 1963–64. Bd. 1 Katalog. 1964. Bd. 2 Handbuch. 1963

Vor 100 Jahren: Einweihung der Synagoge in der Glockengasse. In: KONRAD SCHILLING (Bearb.): *Ausgewählte Quellen zur Kölner Stadtgeschichte,* IV, Neuzeit: 1794–1918. Köln 1960, S. 76 (Quelle Kölnische Zeitung Nr. 241 vom 31.8.1861)

Leipzig

DIAMANT, ADOLF: *Chronik der Juden in Leipzig. Aufstieg, Vernichtung und Neuanfang.* Chemnitz 1993

EPHRAIM CARLEBACH STIFTUNG (Hrsg.): *Judaica Lipsiensia. Zur Geschichte der Juden in Leipzig.* Leipzig 1994

HAMMER-SCHENK, HAROLD: *Synagogen in Deutschland.* Hamburg 1981, S. 265–275

KREUTNER, SIMSON JAKOB: *Mein Leipzig. Gedenken an die Juden meiner Stadt.* Leipzig 1992

LEIPZIGER STADTARCHIV: *Bauakte 4979.* Verkehrs- und Feuersicherheiten.

LEIPZIGER STADTARCHIV: *Bauakte 5254.* Baupolizeisachen

Leipzig und seine Bauten. Hrsg. von der Vereinigung Leipziger Architekten und Ingenieure. Leipzig 1892

Der neue israelitische Tempel in Leipzig. Von der Grundsteinlegung bis zur Vollendung des Baues. Leipzig 1855.

SCHWARZ, HANS PETER (Hrsg.): *Die Architektur der Synagoge.* Stuttgart 1988

VORSTAND DER ISRAELITISCHEN RELIGIONSGEMEINDE LEIPZIG (Hrsg.): *Aus Geschichte und Leben der Juden in Leipzig.* Festschrift zum 75 jährigen Bestehen der Leipziger Gemeindesynagoge. Leipzig 1930

Mannheim

VOLKER KELLER: *Jüdisches Leben in Mannheim.* Mannheim 1992

JÜDISCHES GEMEINDEZENTRUM MANNHEIM F3: *Festschrift.* Mannheim 1987

KARL OTTO WATZINGER: *Geschichte der Juden in Mannheim 1650–1945.* Stuttgart 1987

München

BAERWALD, LEO: *Festpredigt zum 50jährigen Jubiläum der Synagoge in München,* 1887–1937. München 1937

BOKOVOY, DOUGLAS/MEINING, STEFAN (Hrsg.): *Versagte Heimat. Jüdisches Leben in Münchens Isarvorstadt.* München 1994

DENEKE, BERNWARD: *Siehe, der Stein schreit aus der Mauer. Geschichte und Kultur der Juden in Bayern.* Ausstellungskatalog. Germanisches Nationalmuseum. Nürnberg 1988

FROST, SAL (Hrsg.): *Hauptsynagoge München 1887–1938.* Eine Gedenkschrift mit einem historischen Rückblick von Wolfram Selig. München 1987

GLEIBS, YVONNE: *Juden im kulturellen und wirtschaftlichen Leben Münchens in der zweiten Hälfte des 19. Jahrhunderts.* In: *Neue Schriftenreihe des Stadtarchivs München.* München 1981 (= Miscellanea Bavarica Monacensia; 76)

HEUSLER, ANDREAS/WEGER, TOBIAS: *Kristallnacht. Gewalt gegen Münchner Juden im November 1938.* München 1998

KARDOFF, URSULA VON: *Juden in München. Die Entwurzelten.* In: *Zeitschrift zum Verständnis des Judentums.* München Jg. 15 (1976), Heft 57, S. 6732–6736

KIRSCHNER, EMANUEL: *Abschied von der Münchner Hauptsynagoge.* In: LAMM, HANS (Hrsg.): *Von Juden in München.* München 1958, S. 348

JÜDISCHES MUSEUM MÜNCHEN (Hrsg.): *Beth ha-Knesseth. Ort der Zusammenkunft. Zur Geschichte der Münchner Synagogen, ihrer Rabbiner und Kantoren.* Ausstellungskatalog. München 1999

LAMM, HANS: *Die Geschichte der Münchner Hauptsynagoge (1887–1938).* In: *Münchner Israelitische Gemeindezeitung.* September 1981, S. 6–9

LAMM, HANS (Hrsg.): *Von Juden in München.* München 1958

LAMM, HANS (Hrsg.): *Vergangene Tage. Jüdische Kultur in München.* München 1982

PERLES, JOSEPH: *Reden zum Abschiede von der alten und zur Einweihung der neuen Synagoge in München am 10. und 16. September 1887.* München 1887

SCHMIDT, ALBERT: *Die neue Synagoge in München mit einer Beschreibung der Entstehungsgeschichte und des Baus von K.E.O. Fritsch.* München 1889

SCHWARZ, HANS PETER (Hrsg.): *Die Architektur der Synagoge.* Stuttgart 1988

SELIG, WOLFRAM: *Hauptsynagoge München 1887–1937.* München 1987

SELIG, WOLFRAM: *Synagogen und jüdische Friedhöfe in München.* München 1988

Nürnberg

FREUDENTHAL, MAX: *Die Israelitische Kultusgemeinde Nürnberg, 1874–1924.* Nürnberg 1925

LEVIN, MORITZ: *Die Berechtigung des Gotteshauses. Weiherede, gehalten bei der Einweihung der neuen Synagoge zu Nürnberg am 8. September 1874.* Nürnberg 1874

MÜLLER, ARND: *Geschichte der Juden zu Nürnberg, 1146–1945.* Nürnberg 1968 (Beiträge zur Geschichte und Kultur der Stadt Nürnberg, 12)

Plauen

DIAMANT, ADOLF: *Chronik der Juden in Dresden.* Darmstadt 1973, S. 150–151

GOLDBERG, W./BERLINER, ADOLPH: *Blätter der Erinnerung an die Weihe der Synagoge Plauen im Vogtland.* Plauen 1930

HAMMER-SCHENK, HAROLD: *Synagogen in Deutschland.* Hamburg 1981, S. 532–534, 651, Anmerkungen 1108 und 1137–1139

Israelitisches Gemeindehaus mit Synagoge in Plauen im Vogtland. In: BAUGILDE, 1932, Nr. 7, S. 359–360

LANDAUER, F.: *Jüdische Kultbauten von heute.* In: *Central-Vereinzeitung,* X, Nr. 27 (3. Juli 1931), S. 341–342

NAUMANN, GERD: *Plauen im Vogtland, 1933–1945.* Hrsg. von CURT RÖDER. Plauen im Vogtland 1996.

Bildnachweis

Seite 4 oben
Synagoge Leipzig, Lithographie,1854/55,
Stadtgeschichtliches Museum Leipzig

Seite 4 unten
Synagoge Köln, Aquarell von Carl Emanuel Conrad,
1869, Rheinisches Bildarchiv der Stadt Köln

Seite 5 oben
Synagoge Kaiserslautern, Stadtarchiv Kaiserslautern

Seite 5 unten links
Synagoge Nürnberg, Stadtarchiv Nürnberg,
A 41/LR-653/14

Seite 5 unten rechts
Synagoge Frankfurt (Judengasse), Institut für Stadtgeschichte Frankfurt/Main

Seite 6
Synagoge Mannheim, Stadtarchiv Mannheim,
Bildsammlung, Kleinformate, Nr. 10259

Seite 7 oben
Synagoge Hannover, Stadtarchiv Hannover, Nachlaß
Oppler, Synagoge Hannover, Foto 1.1, Mappe 13

Seite 7 Mitte
Synagoge Dresden, Sächsische Landesbibliothek –
Staats- und Universitätsbibliothek Dresden,
Abt. Deutsche Fotothek

Seite 7 unten
Synagoge München, Stadtarchiv München

Seite 8 oben
Synagoge Plauen, »Blätter der Erinnerung an die
Weihe der Synagoge Plauen i.V.«, Plauen, 1930,
Stadtarchiv Plauen

Seite 8 Mitte
Synagoge Berlin, Landesarchiv Berlin

Seite 8 unten
Synagoge Dortmund, Stadtarchiv Dortmund

Seite 9 oben
Synagoge Frankfurt (Börneplatz), Institut für
Stadtgeschichte Frankfurt/Main

Seite 9 unten
Synagoge Frankfurt (Friedberger Anlage), Blätter
für Architektur und Kunsthandwerk 21, 1908,
Tafel 109

Seite 10 oben
Synagoge Nürnberg, Essenweinstraße,
Stadtarchiv Nürnberg

Seite 10 Mitte links
Synagoge Hannover, Historisches Museum
Hannover

Seite 10 Mitte rechts
Synagoge Kaiserslautern, Stadtarchiv Kaiserslautern

Seite 10 unten
Synagoge Berlin, Landesarchiv Berlin

Seite 11 oben
Synagoge Kaiserslautern, Stadtarchiv Kaiserslautern

Seite 11 unten
Synagoge Frankfurt (Börneplatz), Institut für
Stadtgeschichte Frankfurt/Main

Seite 21 ganz oben und oben
Salomonischer Tempel in Jerusalem, Hochschule
für Jüdische Studien, Heidelberg

Seite 21 Mitte
The Israel Museum, Jerusalem. Die Menorah ist
Eigentum der IAA (Israel Antiquities Authority)

Seite 21 unten links
Synagoge in Kefar Nahum (Kapernaum),
Hochschule für Jüdische Studien, Heidelberg

Seite 21 unten Mitte
Synagoge in Beth Alpha, Hochschule für Jüdische
Studien, Heidelberg

Seite 21 unten rechts
Heinrich Kohl/Carl Watzinger: Die antiken
Synagogen in Galiläa. Leipzig 1916

Seite 22 links
Synagoge Worms, Neg.Nr: M 10351, Stadtarchiv
Worms

Seite 22 Mitte
Ehemalige Synagoge in Lengfeld/Odenwald
(18. Jahrhundert), Zeichnung von 1942, unbekannter
Künstler. In: Paul Arnsberg: Jüdische Gemeinden in
Hessen. Anfang, Untergang, Neubeginn.
Frankfurt (Main) 1972–1975

Seite 22 rechts
Synagoge Ansbach, 1744–46. In: Harold
Hammer-Schenk: Synagogen in Deutschland.
Geschichte einer Baugattung im 19. und 20.
Jahrhundert. Christians Verlag, Hamburg 1981

Seite 23 unten
Synagoge Karlsruhe, Generallandesarchiv
Karlsruhe (J-B Karlsruhe/192)

Seite 32 links
Synagoge Nürnberg, Stadtarchiv Nürnberg,
A 39/D-102/III

Seite 32 rechts
Synagoge Nürnberg, Stadtarchiv Nürnberg,
C 20/V 3851/BL. 84c

Seite 33 oben
Synagoge Nürnberg, Stadtarchiv Nürnberg,
C 20/V 3851/BL. 126

Seite 33 unten
Synagoge Nürnberg, Stadtarchiv Nürnberg,
C 20/V 3851/BL. 14

Seite 38 links und rechts (Detail)
Synagoge Nürnberg, Stadtarchiv Nürnberg,
A 47/KS-24/VIII

Seite 149
Karte aus: Martin Gilbert: Endlösung. Die Vertreibung
und Vernichtung der Juden – Ein Atlas.
© Rowohlt Taschenbuch Verlag GmbH, Reinbek 1982

© Computergenerierte Abbildungen
Technische Universität Darmstadt, Fachgebiet
CAD in der Architektur, Manfred Koob

Zusammenstellung der Ortsnamen von zerstörten
Synagogen und Betstuben im Deutschen Reichs-
gebiet vor 1939 (Seite 12–13): Meier Schwarz,
Synagogue Memorial, Jerusalem. Aktualisierungen
und Quellenmaterial sind willkommen.

Trotz intensiver Recherchen war es nicht in allen
Fällen möglich, die Rechtsinhaber der Abbildungen ausfindig zu machen. Berechtigte Ansprüche
werden selbstverständlich im üblichen Rahmen
abgegolten.

Impressum

Synagogen in Deutschland
Eine virtuelle Rekonstruktion
Eine Ausstellung der Technischen Universität
Darmstadt, Fachgebiet CAD in der Architektur,
Manfred Koob und der
Kunst- und Ausstellungshalle der Bundesrepublik
Deutschland, Bonn realisiert durch das
Institut für Auslandsbeziehungen e.V. (ifa), Stuttgart.

Ausstellungskonzeption
Marc Grellert, Manfred Koob, Agnieszka Lulinska

**Verantwortlich für das Institut
für Auslandsbeziehungen e.V.**
Ursula Zeller

**Organisation, Koordination der
Tourneeausstellung**
Marie Ani Eskenian

Texte und Bibliografie
Marc Grellert, Manfred Koob, Salomon Korn,
Agnieszka Lulinska, Stefan Wirtz

Übersetzung
Helga Grellert, Frankfurt/Main
Helga Schier, Santa Monica, CA

Layout, Umschlag und Satz
Michael Bender, Miriam Lebok,
Konzept + Gestaltung, Darmstadt

Design der Tourneeausstellung
John Berg, Michael Staab

Design der Tourneeausstellungstafeln
Michael Bender, Konzept + Gestaltung, Darmstadt

Gestaltung der Fotocollage
Michael Bender, basierend auf der Gestaltung von
Regina Freymann

Ausstellungstexte
Stefan Wirtz, Agnieszka Lulinska, David Kessler

Dokumentationsfilm
realisiert durch Bernhard Pfletschinger, produziert
durch die Kunst- und Ausstellungshalle der
Bundesrepublik Deutschland, Bonn

**Durchführung und Realisation der computer-
gestützten dreidimensionalen Rekonstruktion
der Synagogen**
Technische Universität Darmstadt,
Fachgebiet CAD in der Architektur, Manfred Koob

Projektleitung
Marc Grellert, Manfred Koob

Tutoren
Andreas Kreutz, Marc Möller, Philipp Putschbach

Wissenschaftliche Hilfskräfte
Petra Lenschow, Thomas Raab, Philipp Vogt

**Wissenschaftliche Beratung und Begleitung
des Gesamtprojektes**
Salomon Korn

Kunstgeschichtliches Einführungsseminar
Technische Universität Darmstadt,
Fachgebiet Kunstgeschichte, Wolfgang Liebenwein

**Recherche von Quellenmaterial, Virtuelle
Rekonstruktionen und Texte zu den Synagogen**
Studierende der Technischen Universität Darmstadt,
Fachgebiet CAD in der Architektur

Berlin: Birgit C. Kautz, Léontine Meijer,
Ulrich G. Winkler

Köln: Constantin Ehrenstein, Astrid Fleckenstein,
Daniel Weickenmeier, Zoé Zimmermann

Dortmund: Maria Heck, Samad Sakkaki,
Jörg Sebastiani

Dresden: Eva Leonardi, Eva Schwarz

Frankfurt/Main: Daniela Borowicz, Peter Gallenz,
Marc Grellert, Joachim Merk, Nadine Paraton,
Patricia Sauerwein

Hannover: Johannes Cherdron, Marko Helfmann,
Carolin Oetzel, Bernd Reiners, Christian Riescher

Kaiserslautern: Daniela Georgescu, Adrian Mnich,
Heidrun Rau, Alexander Schmid

Leipzig: Kirstin Fried, Christina Stiel, Nicole Troesch

Mannheim: Niclas Brand, Helman Djaja,
Egon Heller, Andreas Kreutz, Almut Overmeier
(Architectura Virtualis); Text: David Kessler,
Jüdische Gemeinde Mannheim

München: Alexander Löhr, Reinhard Munzel,
Thomas Raab, Timm Schwiersch

Nürnberg: Florian Guntrum, Corinna Igel,
Markus Knapp, Stephanie Wolf

Plauen: Camillo Braun, Marcin Kaminski,
Manfred Pawlowski, Olaf Reuffurth

Aufgrund der fortlaufenden Arbeit an den 3D-CAD-
Rekonstruktionen durch die Studierenden der
Technischen Universität Darmstadt werden die Synagogen in unterschiedlichen Rekonstruktions-
abschnitten dokumentiert.

Filmschnitt und Bildschirmpräsentationen
Annette Ertl, Reza Mohebbi, Thomas Mrokon,
Helko Thoma

Bereitstellung von Quellenmaterial
und Unterstützung
Baureferat der Stadt Nürnberg: Walter Anderle,
Karlheinz Kubaneck

Generallandesarchiv Karlsruhe

Hochschule für Bildende Künste Dresden:
Wolfgang Rother, Ulrich Schießl

Israelitische Kultusgemeinde Nürnberg:
Arno Hamburger

Jüdisches Museum Frankfurt:
Fritz Backhaus, Georg Heuberger, Michael Lennartz

Reiss-Engelhorn-Museum Mannheim

Stadtarchiv Dortmund:
Günther Högl, Hermann Josef Bausch

Stadtarchiv Hannover: Werner Heine

Stadt Kaiserslautern: Arne Öckinghaus

Stadtarchiv Leipzig, Historisches Seminar:
Josef Reinhold

Stadtarchiv Mannheim: Andreas Heusler

Stadt München, Kulturreferat:
Angelika Baumann, Julian Nida-Rümelin

Stadtarchiv Plauen: Martina Röber

Softwareunterstützung
Alias | Wavefront GmbH

Förderung der Rekonstruktionen folgender
Synagogen:
Köln, Hannover, Plauen:
Bundesministerium für Bildung und Forschung

Frankfurt: Hessischer Rundfunk, asb baudat,
Fa. Merck, Fa. Henschel und Ropertz

Dortmund: Stadtarchiv Dortmund

Kaiserslautern: Stadt Kaiserslautern

Mannheim: RNF-Rhein-Neckar-Fernsehen,
Mannheimer Bürgerstiftung, Heinrich Vetter, Jüdische
Erinnerungsstiftung Mannheim, Haus der
Geschichte – Baden-Württemberg, Stadt Mannheim,
MW Energie AG, Mannheim, Rainer von Schilling,
Sparkasse Rhein-Neckar-Nord, Fuchs Petrolub,
Hary Fröhlich

München: Kulturreferat und Stadtarchiv
der Stadt München

Nürnberg: Baureferat der Stadt Nürnberg

Die Ausstellung wurde erstmals im Jahr 2000 in der
Kunst- und Ausstellungshalle der Bundesrepublik
Deutschland in Bonn gezeigt. Der dazu erschienene
Begleitkatalog enthielt alle in diesem Buch publi-
zierten Texte. Das Projekt wurde unterstützt durch
das Bundesministerium für Bildung und Forschung.

Direktor
Wenzel Jacob

Projektleitung
Agnieszka Lulinska

Ausstellungsdesign in Bonn
Johann Eisele, Ellen Kloft, Claus Staniek,
Thorsten Wagner

Bibliografische Information
Der Deutschen Bibliothek
Die Deutsche Bibliothek verzeichnet diese
Publikation in der Deutschen Nationalbibliografie;
detaillierte bibliografische Daten sind im Internet
über <http://dnb.ddb.de> abrufbar.

© 2004
Technische Universität Darmstadt
Fachgebiet CAD in der Architektur, Manfred Koob
www.cad.architektur.tu-darmstadt.de
www.synagogen.info

Kunst- und Ausstellungshalle der Bundesrepublik
Deutschland, Bonn
www.kah-bonn.de

Institut für Auslandsbeziehungen e.V. (ifa), Stuttgart
www.ifa.de

und

Birkhäuser–Verlag für Architektur, 4010 Basel, Schweiz
Part of Springer Science + Business Media
www.birkhauser.ch

ISBN 3-7643-7034-3

Dieses Buch ist auch in einer englischen
Sprachausgabe erhältlich: ISBN 3-7643-7030-0

Printed in Italy

9 8 7 6 5 4 3 2 1

Mit besonderer Unterstützung durch:
Kulturstiftung der Deutschen Bank,
Deutsche Bank Americas Foundation